臺灣風險治理系列叢書

一本書讀懂綠色成長

周桂田　歐陽瑜　　主編

RSPRC

國家圖書館出版品預行編目（CIP）資料

一本書讀懂綠色成長 / 周桂田, 歐陽瑜主編. -- 初版.
臺北市：臺大風險政策中心, 2017.10
面；　公分

ISBN 978-986-05-3499-3（平裝）

1. 綠色經濟 2. 能源政策 3. 永續發展

550.16367 106016420

一本書
讀懂綠色成長

主　　　編	周桂田、歐陽瑜
編　　　譯	韓一寧、曾友嶸、洪俊智、蔡怡婷
責 任 編 輯	王　涵、林瑜璇
封 面 設 計	Lucas
出　　　版	國立臺灣大學社會科學院風險社會與政策研究中心 10617 臺北市大安區羅斯福路四段 1 號 電話：02-33668422 傳真：02-23657409 e-mail：ntusprc@ntu.edu.tw 網址：http://rsprc.ntu.edu.tw
編 輯 部	23445 新北市永和區秀朗路一段 41 號 電話：02-29229075 傳真：02-29220464
郵 撥 帳 號	01002323 巨流圖書股份有限公司
購 書 專 線	07-2265267 轉 236
法 律 顧 問	林廷隆律師 電話：02-29658212
出版登記證	局版台業字第 1045 號

ISBN / 978-986-05-3499-3（平裝）

初版一刷 · 2017 年 10 月　　　　　　　　　　　　定價：280 元

序

　　臺灣社會無論是氣候變遷、食品安全、環境污染以及各種社會議題頻傳，政府、產業與民間彼此對立、推託、不信任，造成問題如滾雪球般地擴大直至難以解決。對此，我們認為因應鉅變時代，惟有強化風險治理研究，提升公眾風險感知，並將其落實於有效的政策風險溝通，進而提升政府、公民與產業三方面的信任，如此才能突破困境，為難解的難題提出解決方案，即「聚焦風險治理研究，強化風險溝通實踐」。

　　基於此，風險社會與政策中心致力於研究「邁向低碳社會」主議題，在此架構下延伸四個子議題「氣候變遷能源轉型」、「低碳創新綠色經濟」、「食品安全」與「新社會風險」。我們認為，這是當前臺灣社會轉型的關鍵。除了上述議題研究外，我們亦發展跨國研究來增進臺灣學術國際能見度，延伸至東亞、進而拓展至全球的風險治理架構，以全球在地化風險思維來聚焦屬於我國的風險治理脈絡研究。從進行研究來提供政策參考，建立長程政策論述與規劃建言外，我們亦企圖將這些學術研究成果轉譯為企業、政府與公民易懂的知識內容，進行有效知識傳播，打破學術與社會藩籬，全面強化風險溝通實踐。我們從建立知識平台出發，藉由社群網絡來連結各行動者，以電子報、多元出版、新媒體等來做為知識的傳遞的管道，並且規劃鉅變轉型講座與鉅變新視界沙龍來執行與落實，同時開設公民學院相關知識課程來進行完整的風險溝通實踐，這是我們的宗旨。

「聚焦風險治理研究、強化風險溝通實踐」是條漫漫長路，雖然如此，惟有邁開步伐，進行典範轉移，臺灣才能夠面對鉅變世代下的發展危機，傳散風險溝通知識來紮根下一世代，我們才能突破臺灣社會轉型困境。

風險社會與政策研究中心從國立臺灣大學社會科學院卓越的學術位置出發，編譯出版《一本書讀懂綠色成長》的目的在引發大眾認知意識，並產生對話，對於臺灣土地環境的未來不再只是單一的、發展主義至上的想像，而是能夠以友善生態環境、低碳社會的角度切入去觀看、去凝視、去好好想想我們要怎樣的未來。

就臺灣而言，海平面上升對於臺灣自然生態將產生全面性影響：西南沿岸土壤鹽化、地下水變海水、西海岸沿低窪地區面臨被海水淹沒的危機；海水升溫造成大範圍的珊瑚白化，數以百計珊瑚礁的生物也將會隨之滅絕，魚類、鳥類的生物多樣性改變，生態干擾、潛在傳染病威脅。而極端的異常氣候將嚴重影響農業、生物產業鏈的發展與水資源等問題。對於僅有三成糧食自給率、九成九以上能源從國外進口的臺灣，有無充分的準備因應這樣的環境變遷與生態浩劫呢？

《一本書讀懂綠色成長》這本書的目的，主要是在回應「什麼是我們所期望的未來？」這個嚴肅的課題。從工業革命以來，以化石燃料為主的褐色經濟發展對於「大地藏無盡」的過度樂觀假設，讓環境負載力（Carrying Capacity of Environment）不斷地超過負荷值，引發排碳大國獲利、卻要

全世界人民、生態，共同承擔這些難以逆轉的嚴重人為風險。臺灣目前的人均碳排高居全亞洲第一名，而在氣候變遷政策上在全球評比上敬陪末座，為什麼我們不作為？這本小書雖然訴求公民知識、以淺白話語編譯旨在拋磚引玉，但我們卻有很大的期待：希望能夠協助臺灣的政府、企業界、公民社會與媒體，聚焦「綠色成長」並儘速展開對話，凝聚對永續轉型的願景，開始正視並認真討論臺灣未來轉型治理的走向。

綠色成長是一個全方位（holistic）轉型變革的途徑，訴求在各國的經濟、社會、與環境發展上同步達成目標。主要政策目標是要縮小從事經濟活動和回饋社會整體利益之間的差距，提高回饋對於「綠色」的投資及創新。綠色成長政策需由國家推動，鼓勵企業和消費者更環保的行為，以再分配就業、資本及技術朝向更環保的方向去做，並提供足夠的獎勵支持綠色創新。有效的綠色成長，要在流程設計、利害相關人的參與、制度化、目標與指令與領導力各面向的協同合作，才能真正形成一個能夠永續發展的綠色生態系統。讓我們不僅正視問題共同面對挑戰，同時將希望的種子紮根於臺灣社會。

周桂田

目錄

導論

「大地藏無盡，勤勞資有生；念哉斯意厚，努力事春耕。」

（佚名）

　　這首臺灣人耳熟能詳的佚名詩，字裡行間呈現傳統農業社會一種「敬天惜地、勤奮耐勞」，代代相傳、深信不移的價值觀。然而，在今日氣候變遷、全球暖化的工商業社會，「大地藏無盡」是否還是永恆價值？當我們原以為蘊藏無盡寶藏的自然之母不再取之不盡用之不竭時，只依循勤儉勞動的簡單原則，是否就足以確保後代子孫擁有足夠的生存空間呢？

碳預算將耗盡本世紀最嚴峻的跨界風險

　　全球暖化與氣候變遷無疑為本世紀帶來最嚴峻的跨界風險。因為是高度複雜性與不確定性的議題，在許多層面上難以量化與進行成本推估、跨尺度的資訊難以整合，催逼著全世界的國家與組織不得不牽起手來，面對近在眼前的生存問題與可能的災難性後果。

　　百年來，臺灣的平均溫度上升 1.4℃，是同期全球平均增溫速率的兩倍，在全球氣候變遷政策上的作為持續被列在後段班，甚至遠落後於中國大陸（Climate Change Performance Index, CCPI 2014-2017）。聯合國政府間氣候變遷專門委員會（Intergovernmental Panel on Climate Change, IPCC）第五次評估報告（2014 年）顯示，最近十年（2003-2012）全球海

陸表面均溫急速升高 0.78°C，在十年內氣溫升高的程度，幾
乎與過去一百三十年（1880-2012）內增加的 0.85°C 在伯仲
之間。全球氣溫若升高超過 2°C，就將發生足以造成我們周
遭正常環境的重大改變，危及生存環境、資源生態、民生安全
和產業發展。

　　全世界持續地過度仰賴化石燃料，二氧化碳和其他溫室氣
體的含量急遽增加，我們已經幾乎要將本世紀控制溫升 2°C
的碳預算（carbon budget）耗盡。依照 IPCC 數據推估，地
球均溫如果在未來二十年內上升 0.3-0.7°C，在本世紀末全球
均溫就「非常可能」提升至 1.5°C 甚至是 2°C 的臨界值。屆
時，層出不窮難以彌補的複合性災難，像是極地氣候災害、海
平面上升、乾旱及水資源匱乏、糧食農業生產問題、生物多樣
性的衝擊、暖化引發的疾病和公共衛生、國土安全的影響都將
接踵而至。

邁向低碳社會成為求生存的必須

　　減少溫室氣體排放、邁向低碳社會已不再只是價值選擇，
而是一個生存的必須。全球氣溫若持續增加，南北極冰原、冰
山融解，海平面上升，許多南太平洋島國與低窪地區國家，都
要面臨被淹沒的命運。巴布亞紐幾內亞的卡特瑞島已成為全球
第一個因為海水上升消失的島嶼。我國邦交國吐瓦魯距完全沉
沒只差 1.5 公尺，每年均撤遷部分人民移民紐西蘭，而印度恆
河三角洲已有兩座島嶼被淹沒，一萬多人被迫離家。2017 年

極端氣候帶來的「海岸聖嬰現象」引發秘魯暴雨成災，造成近百人死亡、十多萬房屋受損、至少七十四萬人受災。

　　唇亡齒寒。對臺灣而言，海平面上升對臺灣自然生態將產生全面性影響：西南沿岸土壤鹽化、地下水變海水、西海岸沿海低窪地區、蘭陽平原沿海地區面臨被海水淹沒的危機；海水升溫造成大範圍的珊瑚白化，數以百計棲息於珊瑚礁的生物也將會隨之滅絕；魚類、鳥類的生物多樣性改變，生態干擾、潛在傳染病威脅。而極端異常氣候將嚴重影響農業、生物產業鏈的發展與水資源的問題。對於僅有三成糧食自給率、九成九以上能源從國外進口的臺灣，有無充分的準備因應這樣的環境鉅變與生態浩劫呢？

　　《一本書讀懂綠色成長》這本書的目的，主要是在回應「什麼是我們所期望的未來？」這個嚴肅的課題。從工業革命以來，以化石燃料為主的褐色經濟發展對於「大地藏無盡」的過度樂觀假設，讓自然環境承受了超過負荷的壓力，引發排碳大國獲利，卻要全世界人民、生態，共同承擔且難以逆轉的嚴重人為風險。臺灣目前的人均碳排高居全亞洲第一名，而氣候變遷政策在全球評比上敬陪末座，為什麼我們不作為？這本小書雖然訴求公民知識、以淺白話語編譯旨在拋磚引玉，但我們卻有很大的期待：希望能夠協助臺灣的政府、企業界、公民社會與媒體，聚焦「綠色成長」並儘速展開對話，凝聚對永續轉型的願景，開始正視並認真討論臺灣未來轉型治理的走向。

脫勾碳閉鎖　轉型綠色成長

　　「綠色成長」就是一種為了因應氣候變遷危機，全球各國所倡議的一種新興的永續發展路徑與典範。聯合國 Rio+20 永續發展高峰會（2012）對於「綠色成長策略」的定義是「在能夠維持地球健康的生態功能的前提下，致力於消除貧窮、維持經濟成長、強化社會包容性、增進人類福祉與創造機會」的新發展路徑。期望能減少貧窮、創造就業機會、增加社會包容性與環境永續性、緩和氣候變遷與避免喪失生物多樣性，並取得安全與乾淨的能源及水資源。

　　綠色成長是一個全方位（holistic）轉型變革的途徑，訴求在各國的經濟、社會與環境發展上同步達成目標。主要政策目標是要縮小從事經濟活動和回饋社會整體利益之間的差距，提高回饋對於「綠色」的投資及創新。綠色成長政策需由國家推動，鼓勵企業和消費者更環保的行為，以再分配就業、資本及技術朝向更環保的方向去做，並提供足夠的獎勵支持綠色創新。有效的綠色成長，要在流程設計、利害相關人參與、制度化、目標與指令以及領導力各種面向的協同合作，才能真正形成一個能夠永續發展的綠色生態系統（GGBP, 2014）。

　　許多後凱因斯學派的經濟學者（Kemp-Benedict, 2014；Weitzman, 2011）提出，氣候變遷議題所需要面對的是在經濟、社會、政治等層面上根本的「不確定性」。低碳轉型的核心議題是要面對過去對不確定風險的無知。轉型阻力往往來自於路徑依賴（path dependence）與長期投資套牢（lock-in）

在高排放、高污染的基礎建制和化石燃料為基礎的結構。由於氣候變遷這類人類過去未曾經驗過的不確定風險，多數沒有過先前科學經驗可做量化機率推估的基礎，轉型的難題在於大尺度、與本質性的經濟變革會帶來許多總體經濟的後果，反映在僱用與投資的層面、通膨率、薪資的平衡和政府與私人負債，以致於若投資者不去面對綠色投資與褐色投資間的不確定性，將自然傾向低估綠色資本，轉型綠色成長有先天的困難。

由於轉型成綠色經濟需要有國家之間的金流與物流，封閉的總體經濟模式難以對低碳轉型做出有效的分析。高碳排放褐色經濟的閉鎖效果，基本上是一種廣義的技術套牢，有助於複雜經濟的均衡；但在面對飽受氣候變遷挑戰、需要轉型的失衡社會，當前的問題是必須要致力於打破既有的套牢效果，才能找到新出路。

褐色資本在以褐色資本主導的經濟下，會較綠色資本更有生產力；但是綠色資本則會在綠色資本主導的經濟下，較褐色資本更有生產力。後凱因斯學派的經濟學者認為，「脫鉤（lock-out）」之道，必須要由政府政策推動持續改變的公共政策組合、公共投資組合與私人投資誘因，來帶動科技與社會的變革，與綠色成長轉型的過程。成功的綠色成長政策，有賴於投資者的態度與政府帶動這項變革的承諾的可信度與堅持度。

另一方面，「脫鉤」也需要有公民社會持續的支持。公民社會對綠色成長方向發展的正面信心，即使在短期內可能必須要做某種程度的犧牲，也認同面對不確定風險是帶來長遠好

處。公民社會的持續支持與參與，有助於支持相關制度環境的轉型獲得正當性。因此，後凱因斯學派學者倡議，朝向綠色成長的低碳轉型路徑，必須要有由政府有意圖地致力於政策制定做為基礎，且必須有一種實踐中學習（learning-in-action）的實驗性質。

全球知識網路共同面對不確定性

　　為了朝向綠色成長轉型邁進，全球許多國家已經形成策略聯盟網絡，以分享知識、資源與經驗，來攜手進行這場巨大的全球在地化的治理轉型實驗。從亞太地區國家自 2005 年在聯合國亞太經濟社會委員會（United Nations Economic and Social Commission for Asia and the Pacific, UNESCAP）首度提出，以「綠色成長做為永續發展的關鍵策略」後，就受到經濟合作組織（Organization for Economic Co-operation and Development, OECD）、東協國家組織（Association of Southeast Asian Nations, ASEAN）、世界銀行（World Bank Group, WBG）等國際機構熱烈迴響，成為「綠色成長」概念的重要推手。2010 年以南韓為首的亞太地區國家組成全球綠色成長研究國際組織（Global Green Growth Institute, GGGI），著眼於協助亞太地區跳過已開發國家的工業化模式，避免以經濟成長為優先，其他則擱置處理的褐色經濟路徑。現已有包括南韓、中國、英國、澳洲、南非、印尼、菲律賓、泰國、越南等二十六個會員國，致力於協助會員國家進行邁向綠

色成長的典範轉移，2015 年 GGGI 即在十九個國家內推動了四十四項轉型綠色成長的相關計畫，計畫經費達美金 2,000 萬元（GGGI, 2014, 2015）。

由於 2050 年全球即可能遭遇到溫升超過 2°C 氣候變遷複合性大災難，GGGI 在 2015 年到 2020 年的策略計畫：優先挑選了「能源」、「綠色城市」、「土地利用」與「水資源」四項主題進行轉型，並期待協助會員國在三個不同層次上有所進展：（一）採納並落實綠色成長計畫，包括有地方利害關係人的充分支持、綠色財政和技術的準備；（二）協助並提供政策制定者相關與高品質的研究；（三）促進企業在國家綠色成長計畫的執行上多加參與，強化公部門與私部門間的協調合作。

由於綠色成長牽涉到的是每一國家內全國性、區域性到地方性不同的公私部門與第三部門在制度性架構、觀念與執行方式上的多層次轉變，亟需要有多層次、多方向、多重方法論的知識分享與學習，以及跨國、跨洲際、跨半球間的知識轉移與交流。

低碳轉型的核心議題是不確定性，全世界各國都同樣面對碳閉鎖轉型成碳脫鉤、綠套牢學習與認知上極大的學習成本。2012 年 GGGI 與聯合國環境署（United Nations Environment Programme, UNEP）、OECD、World Bank 共同建立了綠色成長知識平台（Green Growth Knowledge Platform），協助強化對綠色成長理論與實務間知識差距的認識。透過不同國家的綠色成長相關資料、資源、政策及計畫整合與對話，協助會員國

能發展更吻合其當地脈絡的綠色成長策略，並分享各地實驗計畫的經驗與成果。

　　GGGI 致力在扮演知識機構的角色，協助會員國提升其綠色成長的知識能力與應用的能力。從 2015 年到 2020 年，其目標是協助其會員國在綠色成長路徑上極大化其優勢，GGGI 提出了其「價值鏈」成為各國的公私部門推動綠色成長策略計畫與執行計畫的檢核清單：包括初始的診斷、綠色影響評估、不同單位與次單位的策略與計畫、計畫設計與財政（見圖 1 最下方由左到右價值鏈），而最後一步驟執行，指的則是由政府所採取提案之政策執行與監督評估。GGGI 以中立的顧問角色，協助會員國的政府之行政機關與各部門，探索更多在其成長脈絡下之綠色成長機會的價值，並協助他們發展其目標。一方面提升「知識服務」：包括知識管理、可提供綠色成長發展與共同性理論和經驗基礎，以及提供政策制定者與投資者在特定國家脈絡下的選擇方案、引導和發展相關能力；另一方面則是「綠色投資顧問服務」：辨識創新的財務機制、改善公私營綠色投資的條件。

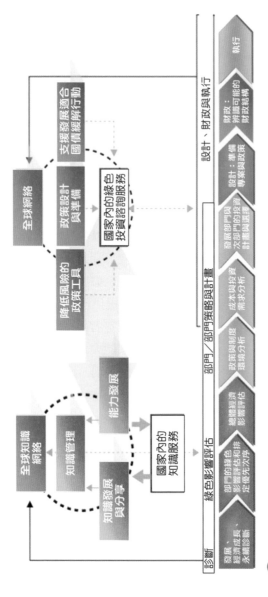

圖1 GGGI 以知識管理推動綠色成長價值鏈的模式

資料來源：GGGI（2014）。

溝通形成綠色生態系統

　　由於綠色成長具有高度的脈絡性、情境依存，在推動國家綠色成長計畫時，全國性、區域性與地方各層級政府也必須連結成策略網路，相互增強其綠色成長行動。雖然政府引導的綠色成長發展路徑是成功的關鍵，但是在執行的方式上未必一定是由上而下的，GGGI（2004）各國綠色成長實務經驗報告中就指出，這些計畫有越來越多是由地方政府或下層的行政機關主動提出並執行這些綠色成長方案，其中若干成功的個案，還能夠帶領並使全國跟進。成功執行中央與地方的努力，需要這些單位緊密合作與溝通，在政策制定與執行上採取聯合行動，透過溝通進行同儕學習與反饋，才能提升各級政府知的能力，讓他們的綠色成長活動產生相互增強的效果，見圖2。

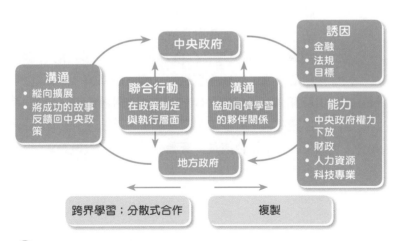

　圖2　中央與地方溝通及跨界學習是推動綠色成長的關鍵

資料來源：GGGI（2014）。

　　無論已開發國家或是發展中國家，有關氣候變遷觀念的溝通與傳播都是一大挑戰。由於氣候風險在本質上具有不確定、高度複雜、抽象、又不易計算與比較相關成本，更常被視為是西方國家的事。臺灣過去既非聯合國成員、亦非《京都議定書》簽署國，因此，過去對於國際減碳的共識並沒有實質的壓力。雖然臺灣綠色商品出口的總額已達 405 億美元（2012），光是 LED 照明產值約達 178 億美元，市佔率全球第三名（2014）；臺灣綠建築密度全球第一；自行車為全球高級市場之冠，綠色相關商品出口穩定成長。然而，長期以來以環境實用主義為主流的氣候變遷論述（林子倫，2008），經常是高舉經濟理性、技術理性，忽略生態理性與永續發展；節能減碳論述與行政措施的層級太低、整體的配套整合不足、法規研擬進度緩慢；只重外銷市場卻不著眼內需與產業結構的轉型；沒有明確的碳價機制、綠色財政協助產業進行完整產品生產鏈的排碳量評估；以及結合低碳財務鏈與生產鏈完整排碳量與分析。因此，相關措施都還是各部會零星、個別、片斷式的努力，並沒有創造誘因、形成綠色生態永續反饋系統，真正落實綠色成長。反觀其他 OECD、GGGI 國家，透過政府、企業、社區不同利害關係人主動參與、緊密配合、協調整合，創造持續的反饋迴路，共創綠色成長，臺灣似乎還有一大段距離。

0/6 《巴黎協議》啟動轉型綠色成長的制度性環境

2015 年 12 月 11 日依《聯合國氣候變遷綱要公約》（*United Nations Framework Convention on Climate Change*, UNFCCC）在法國巴黎所召開第二十一次締約國大會（The 21st Conference of the Parties, COP 21）通過《巴黎協議》（*Paris Agreement*），達成歷史上開創性的成就，成為世界各國啟動氣候行動制度化的重要基礎，參與各締約國不但需承諾採納限制全球升溫以本世紀末不過工業革命前 2°C 為減量目標，並以 1.5°C 為努力方向。《巴黎協議》也要求各國自定預期減碳貢獻，每五年並繳交國家減碳計畫。《巴黎協議》可以說是令全球經濟在 21 世紀後半葉不再依賴化石燃料，進行脫碳轉型的劃時代典章制度基礎，催逼著以出口為導向的我國，必須朝全世界低碳轉型途徑大步挺進。

此一國際制度外環境的丕變，近兩年來，也帶動我國行政部門快馬加鞭在氣候變遷行動上展現決心，致力於朝碳脫勾、綠套牢的新典範轉型。在氣候變遷的法規環境方面，政府已制定了《空氣污染防制法》、《能源管理法》、《再生能源發展條例》，為回應《巴黎協議》，我國立法院於 2015 年三讀通過《溫室氣體減量及管理法》，2017 年三讀通過了《電業法》修正案，不但將溫室氣體減量目標具體入法，明訂我國 2050 年的溫室氣體排放量要降為 2005 年的 50% 以下，未來將可掌握約 80% 工業及能源部門化石燃料燃燒產生溫室氣體之排放量，同時也奠定邁向綠電自由化的重要法制基礎，未來將走向

發電業與電力網分離，不再由台電獨佔。此外，政府並研議《能源稅法》草案、《再生能源發展條例》修正案，期待以明確的政策工具，例如總量管制、碳排放交易、稅制、放寬再生能源自用發電設備適用容量等，來協助自願性減量機制，與再生能源發電的普及。

綠色成長願景的建立必須超越環保部門，且需要有有力的行政部門包括國家計畫、財政、貿易與產業等主要部會，對於能源、交通、農業形成轉型共識。在氣候變遷的政策規劃與主管機關方面，國家發展委員會在 2012 年也頒佈了《國家氣候變遷調適政策綱領》，並就災害、維生系統、水資源、土地使用、能源供給與產業、農業和生物多樣性等之調適及減緩分別提出行動計畫（2013-2017）；為統籌規劃國家能源政策，推動能源轉型，整合跨部會協調相關事務，行政院並於 2016 年成立了專責的「行政院能源及減碳辦公室」，定期檢討溫室氣體減量目標，以根據《巴黎協議》，企圖以能源轉型做為驅動我國綠能產業、科技創新與綠色成長的火車頭。

同時，根據《溫室氣體減量及管理法》第 9 條，行政院於 2017 年 3 月正式核定環保署所擬訂的《國家因應氣候變遷行動綱領》，做為我國推動溫室氣體減緩及氣候變遷調適政策總方針，並啟動跨部門的因應行動，逐步健全我國面對氣候變遷調適能力與國家永續發展。《行動綱領》除明列政策與開發行為應將調適及減緩策略納入環境影響評估考量、建立全面預警能力、不以新增核能發電做為因應氣候變遷措施基本原則外，令人耳目一新的是，《行動綱領》中也囊括了建立綠色生

態系統需有的中央與地方溝通及跨界學習之配套機制。其中一方面推動綠色金融、活絡民間資金運用、促進綠能產業發展；也推動綠色稅費等碳定價制度，落實溫室氣體排放外部成本內部化，同時也呼應國際潮流與各界意見，強化公眾參與、風險溝通及教育宣導等面向的政策配套，提升全民對氣候變遷認知及技能，轉化成低碳生活行動力。

此外，行政院院會也於 2017 年通過了八年總經費達新臺幣 8,824.9 億元的前瞻基礎建設計畫，期盼能帶動 1 兆 7,777.3 億元的民間投資。包括因應氣候變遷的水環境建設、促進環境永續的綠能建設、建構韌性安全便捷的軌道建設、營造智慧國土的數位建設、加強區域均衡的城鄉建設等。

這些回應氣候變遷，期盼營造綠色生態系統的基礎建設計畫，無異是為了與長久以來倚重化石燃料的褐色經濟脫鉤，透過中央政府的誘因與目標，與數位化基礎建設和知識系統的建立，帶動新的中央與地方分散式合作學習，公私協力的綠色經濟價值鏈與生態共榮圈的成形。不讓 GGGI 專美於前，臺灣政府也以「能源」、「綠色城市」、「土地利用」與「水資源」四項主題，提出並回應在氣候變遷風險與全球制度環境考量下，這些願景、政策、法規上的重大變革，是對於臺灣未來三十年中長程的轉型擘劃，邁向綠色成長途徑，值得期待。

0/7 碳氣候變遷風險：誰的責任？

　　儘管我國政府已緊鑼密鼓地以政治、法律等積極作為來形成脫碳計畫的管制環境，然而徒法不足以自行，偏重褐色資本、輕忽綠色資本的路徑依賴並非一朝一夕就能脫鉤。2017年由德國看守協會（GermanWatch）與歐洲氣候行動網絡（Climate action network Europe）共同發表的《氣候變遷績效指標》（*The Climate Change Performance Index Results 2017*）（CCPI, 2017）顯示，我國在五十八國評比中，碳排放的趨勢雖然從連續六年（2010-2014）在全球排名「極差」，略微進步到「差」；而在政策表現上也從原本（2014-2015）「極差」，進步到「差」，不過，在排放水準的評比仍屬於「極差」的後段班；總體氣候變遷表現指標評比全球倒數第十名（第五十二名），屬於「極差」的十三個國家之一。顯見我國目前無論在政治、經濟、產業、人民生活等各種面向上，對於能源轉型、與氣候變遷風險的調適和減緩的意識與準備上，仍遠遠落後於國際社會。臺灣人毫無意識地消耗全世界公民的碳預算，發展路徑還深深被褐色經濟典範套牢，未來臺灣產業有無能力與脫碳化的國際產業接軌？將為褐色資本負擔的代價有多高？轉型過程的掙扎有多長？多麼劇烈？都令人憂心。

　　氣候變遷的風險應當是誰的責任呢？是政府應負起責任保護人民不受氣候風險的侵害？還是人民應當自行負責，從日常生活中就開始採取低碳、減少碳足跡消費的生活方式，來避免全球暖化加劇？或是企業應當有義務以綠色生產保障員工、客戶與利害相關人的安全？抑或是市場能夠提供充分的機制來提供客戶所需要的各種層次的安全與品質？

■ 表 1 「氣候變遷績效指標」（CCPI）2010-2017

	總排名／61	排放趨勢	排放水準	政策表現
2010	47	極差	差	中等
2011	47	極差	差	優良
2012	50	極差	差	中等
2013	52	極差	差	中等
2014	54	極差	差	極差
2015	54	中等	極差	極差
2016	52	差	極差	差
2017	52	差	極差	差

資料來源：CCPI（2010-2017）。

　　依據國際能源總署資料顯示，我國溫室氣體總排放量之成長趨勢，從 1990 年至 2014 年，上升約計成長 105.65，其中以二氧化碳為所排放之溫室氣體最大宗（94.72%），佔全球排放總量的 0.77%，全球排名第二十一位；碳排放密集度，全球排名第四十五位（IEA/OECD, 2016）。其中工業能源燃燒排放對二氧化碳的貢獻度約佔一半（47.84%）、交通運輸佔 14.60%、服務業佔 13.36%、住宅佔 12.61%、農業佔 1.14%，見圖 3。在國人經濟生活與日常生活的交通、居住、飲食、消費中，都不知不覺地成為全球暖化現象的貢獻者與加害者。

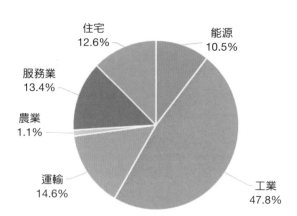

圖3　2015 年部門分攤電力消費二氧化碳排放佔比
資料來源：環保署。

　　事實上，氣候變遷這一類跨國界、跨地域、肇事參與者多、範圍廣、難以釐清責任歸屬的不確定風險，所面對的「有組織的不負責任」，正是全球風險治理的最大難題。組織與風險管理學者 Michael Power（2003）指出，過去在規範上，經濟誘因是與外部社會、環境的目標區分開來，因此，自利與利他是涇渭分明的。企業主常會因為自利考量，犧牲環境與社會。但是，新的風險管理觀念的轉變是考量如何將這些外部成本內部化（internalization）的問題。內部化，是將社會與環境的責任，視為所鑲嵌的次系統，與蒐集風險知識的類型，訴求個人的道德或經濟的自利。也就是說，新的風險管理是將風險管理責任放在每一個利害關係人的身上，將外部的風險成本內部化到組織的日常實務與每一個組織的成員習慣。在組織生活中，新型態的風險管理使得自利與利他行為的界限模糊了。

　　面對氣候風險這種新型態的複合性風險，國家做為一個巨型組織，需要策重的不再是策略與效率的問題，反而是需要設制一個能夠「自我觀察、有自我管制能力、對於組織環境中有倫理張力時能敏銳回應」的系統。在這個自我反饋風險知識的系統中，需要有所有利害關係人的參與（stakeholder）、必須重視聲譽（reputation）、與無形的資產（intangible asset）。這也是 GGGI 推動中央與地方、公利協力，以知識管理推動綠色成長價值鏈模式的主因。也就是說，為回應氣候風險的低碳轉型責任，必須由政府、企業、消費者、公民社會，與國際社會成員一起來共同承擔，學習在觀念、日常生活行為、工作和商業模式蛻變，因為誰也無法自外於有限的大地資源之外。我們的國家也必須要轉型成積極國家，奮力地來引導所有利害關係人，由下而上參與並推動這個低碳大轉型，或可力挽溫室效應狂瀾於萬一。

　　值此全世界無論是高收入或是中低收入國家，都在致力低碳與綠色轉型的時刻，亞太與其他地區策略聯盟的國家也紛紛積極建立綠色經濟的配套體制、綠色供應鏈與全球策略聯盟。在臺灣，相較其他的華人社會，我們已有傲人的民主成就與堅實的社會強健性，但是小小島嶼卻是排碳大國，每人每年平均碳排放量幾乎是全球的一倍。臺灣的企業與市民社會更應當慎思如何「轉大人」，從一味尋求補貼與政府挹注的發展中國家思維覺醒過來，讓我們學習將具有倫理正當性行為在組織生活與市民生活中內部化，真正承擔全球氣候公民的責任。

我們欣見公部門在回應氣候友善政策上已經提出的願景與實質努力，也樂見行政院能源及減碳辦公室規劃之以能源轉型帶動綠能經濟發展、以綠色金融、沙崙綠能科學城帶動國內產業創新的方向能夠實現。近年來，臺北市、新北市也有許多以區域為基礎的節電參與式預算、開發政策的參與式規劃等，透過鄰里、社會大學共學倡議，讓社區負擔起合乎在地脈絡的規劃與預算執行的責任。這些都是形成自我觀察、自我反饋風險知識系統在臺灣逐漸萌芽的實例。

氣候變遷風險的回應與調適，牽涉到廣大的利害關係人經濟、生活、思維與模式的變革，對於民眾缺乏透明資訊與氣候變遷的足夠知識與教育宣導，基於提升國人對氣候變遷的認知與在國際社會中的責任，國立臺灣大學社會科學院風險社會與政策研究中心覺得責無旁貸，必須要扮演這個低碳轉型的知識橋樑角色。透過主要推動綠色成長的國際組織既有的知識累積，彌補我國在相關不確定性知識上的斷層，期待透過公民社會對綠色成長發展方向的啟蒙，能夠帶動政府、民間投資、社會創新多方多面的整合與綜效。

為了讓綠色成長這個新典範的知識迅速傳散，本書編譯團隊回顧了聯合國環境與發展會議（United Nations Conference on Environment and Development, UNCED）2012 年出版的《綠色經濟指南》（*A Guidebook to the Green Economy*）第一冊（*Issue 1 Green Economy, Green Growth, and the Low-Carbon Development-history, definitions and a guide to recent publications*）與第三冊（*Exploring green economy policies and international experience with national strategies*）。我們以這兩冊《綠色經濟指南》上所列出的有關「綠色成長」主題的出版品為本，回顧了 OECD、World Bank、GGGI、亞洲開發銀行（Asian Development Bank, ADB）、UNESCAP 等三十餘份國際組織以綠色成長為範疇出版的報告，從中挑選出六份報告（詳見以下各章介紹），並擬定出綠色成長由來與定義、綠色成長常見的辯論、綠色創新與綠色成長和國家發展計畫四個主題。由於《綠色經濟指南》只收錄 2012 年之前的出版品，而綠色成長概念又不斷在理論與實踐中推陳出新，為了讓這本書更貼近最新國際發展趨勢，本書也加入 OECD 於 2014 年出版的《綠色成長指標》（*Green Growth Indicators 2014*）做為專章。各章大致內容、編譯者與資料來源如下：

第一章　什麼是綠色成長？由來與定義：介紹綠色成長的定義、全球綠色成長機構的起源與歷史發展、綠色成長的兩大政策框架等。本章編譯的資料來源是 *Inclusive Green Growth: The Pathway to Sustainable Development*（World Bank, 2012）以及 *Towards Green Growth: Monitoring Progress*（OECD, 2011）。編譯者為國立臺灣大學國家發展研究所碩士韓一寧。

第二章　有關綠色成長的辯論：介紹不同國家在討論國家經濟發展和減排間的三種不同觀點，包括以綠色成長當做減碳的手段、以綠色成長創造就業機會、以及綠色成長做為產業轉型，同時反思國家的能源政策。本章編譯的資料來源是 *Can Green Sustain Growth? From*

the Religion to the Reality of Sustainable Prosperity
（Zysman, J. and Huberty, M., 2014）。編譯者為國立
臺灣大學國家發展研究所碩士曾友嶸。

第三章　綠色成長指標：介紹 OECD 評做監測綠色成長進展
　　　　的新指標，包括當前全球經濟脈絡與成長特色、碳排
　　　　放量及能源使用效率、自然資源基礎、生活的環境品
　　　　質、經濟機會和政策回應、綠色成長指標有助於自然
　　　　資源效率嗎？本章編譯的資料來源是 Green Growth
　　　　Indicators 2014（OECD, 2014）。編譯者為國立臺灣
　　　　大學國家發展研究所碩士洪俊智、蔡怡婷。

第四章　帶動綠色成長的創新：介紹商業活動、政府作為與綠
　　　　色創新的關係、國家政策對綠色創新的幫助、綠色成
　　　　長與綠色供應鏈、綠色創新與消費者等。本章編譯
　　　　的資料來源是 Fostering Innovation for Green Growth
　　　　（OECD, 2011）。編譯者為國立臺灣大學國家發展研
　　　　究所碩士蔡怡婷。

第五章　綠色成長的目的及國家發展計畫：介紹如何充實政府
　　　　制度與治理能力來推動綠色成長的目標、重新定義成
　　　　長：超越 GDP 主義、邁向永續成長的新市場、綠色
　　　　成長與政策執行。本章編譯的資料來源是 Toward the
　　　　Green Growth（OECD, 2011）。編譯者為國立臺灣大
　　　　學國家發展研究所碩士洪俊智。

　　我們期待本書的出版，協助臺灣的政府、企業與公民社會，能正視自然資本的價值，更多專注於「綠色轉型」經濟和全球供應鏈，協助這個孕育眾生的小島能改善復原力、包容性與公平性，達到永續成長為目的。

參考書目

中央研究院「因應氣候變遷之國土空間規劃與管理政策」研議小組，2011，《因應氣候變遷之國土空間規劃與管理政策建議書》。臺北：中央研究院。

中央研究院「環境與能源研究小組」，2008，《因應地球暖化之能源政策》。臺北：中央研究院。

王寶貴，2017，「臺灣深度減碳的背景與未來」。臺北：邁向深度低碳社會「實踐低碳社會的公民參與」公民學院。

林子倫，2008，〈台灣氣候變遷論述之政策分析〉。《公共行政學報》28：153-175。

陳泰然等，《新百家學堂》氣候變遷對臺灣總體安全之衝擊【臺大開放式課程】。取自 http://ocw.aca.ntu.edu.tw/ntu-ocw/index.php/ocw/cou/100S117。

趙家緯，2017，「公民就是能源 ── 能源轉型與公民協作的多重模式」。臺北：邁向深度低碳社會「實踐低碳社會的公民參與」公民學院。

楊鏡堂，2017，「能源轉型帶動綠能產業創新」。臺北：2017 許一個臺灣新發展願景論壇。

CCPI, 2010-2017, *The Climate Change Performance Index 2010-2017 Results.* GermanWatch & Climate Action Network Europe.

GGBP, 2014, *Green Growth in Practice: Lessons from Country Experience.* Green Growth Best Practice.

GGGI, 2014, *Accelerating the Transition to a New Model of Growth: GGGI Strategic Plan 2015-2020.* Global Green Growth Institute.

GGGI, 2015, *Annual Report*. Global Green Growth Institute.

IEA/OECD, 2016, *Key World Energy Statistics*. International Energy Agency 2016 Edition.

IPCC, 2014, *Climate Change 2014 Synthesis Report*.

Kemp-Benedict, E., 2014, "Shifting to a Green Economy: Lock-in, Path Dependence, and Policy Options." *Stockholm Environment Institute Working paper*, No. 2014-08.

Power, M., 2003, "Risk Management and the Responsible Organization." In *Risk and Morality*, edited by R. Ericson and A. Doyle. Toronto: University of Toronto Press.

Weitzman, M. L., 2011, "Fat-tailed Uncertainty in the Eco-nomics of Catastrophic Climate Change." *Review of Environmental Economics and Policy* 5(2): 275-292.

什麼是綠色成長？
由來與定義

CHAPTER 1

綠色成長是指「在促進經濟成長和發展的同時，確保自然資產能夠持續地提供資源和環境服務」（OECD, 2011）。要達到這一點首先必須要促進投資和創新，一方面促進經濟持續成長，同時又產生新的經濟機會。傳統的發展模式「凡事以經濟為優先而犧牲一切」，是沒有做永續發展的前瞻考量的，因此，發展當時或是一段時間後所涉及的風險，不但可能會造成人力成本增加、限制經濟的成長與發展，甚至將導致水資源短缺、資源瓶頸、空氣和水污染、氣候變遷及生物多樣性的喪失等不可逆後遺症。有鑒於此，全世界各國政府都在推動政策、區域合作與產業大轉型策略，帶動整體綠色成長目標的達成。

1/1 從褐色經濟到綠色經濟

傳統的經濟發展模式，是建立在對資源環境過度消耗的基礎上，忽視生態保護，是一種無法永續的經濟發展模式。由於是透過破壞環境所換來的成長，因此又被稱作褐色經濟（brown economy）。當今的世界正面臨著雙重挑戰 —— 不斷成長的全球人口，每個人都想不斷擴張自己的經濟機會；以及同時又需要解決因為過度成長帶來環境惡化的壓力。如果放任不管褐色經濟的持續發展，臺灣社會轉型綠色經濟的機會可能稍縱即逝，每一個人都可能成為發展苦果的受害人。

图 1-1　傳統經濟模式對於臺灣環境的破壞
圖片來源：張心華，地球公民協會。

1.1.1　為什麼需要綠色成長策略

- **經濟成長和環境系統不均衡發展**：當經濟活動對環境系統造成不平衡的影響，就是一種發展不均衡的風險，特別需要加強應對氣候變遷、避免生物多樣性的喪失，來正視這些風險。

- **被忽略且低估了的自然資本**：天然資源的儲存、土地和生態系統等的自然資本，往往是被低估且管理不善，對經濟和人類福祉上帶來負擔。

- **缺乏長期一致的政策與策略規劃**：缺乏連貫的策略來處理成長與環境風險問題，帶來投資和創新不確定性，反而抑制且削弱經濟成長和發展。

1.1.2 幸福與 GDP 可以兼得嗎？

國內生產毛額（Gross Domestic Product, GDP）是衡量經濟成長最主要的指標，但是近年來，世界各國都開始有反省的聲浪：除了 GDP 之外，難道人們的健康和福祉不該是美好生命的更重要指標嗎？綠色成長正是在這樣的脈絡下發展出的另一種成長策略思維。雖然世界各國因國情不同，採取的綠色成長策略各有不同，但綠色成長策略明顯可見的共同原則是，能夠同時為投資者和消費者帶來利益的綠色成長：

- 消除低效率的自然資本的使用和管理經濟收益。
- 藉由開拓綠色市場的行動來創造新的成長及就業機會。

為了達到綠化與經濟成長的雙重目標，綠色成長必須開拓新的成長來源。各國政府透過下列管道，解決經濟和環境的挑戰：

- **生產力**：設立獎勵機制以提高運用資源與自然資產的效率，包括提高生產力、減少浪費和能源消耗，即以使資源最有效的被利用。

- **創新**：透過新的政策與框架條件刺激創新機會的產生。

- **新市場**：藉由對綠色技術、商品與服務的需求，創造新的市場以創造新的潛在工作機會。

- **信心**：各地政府處理重大環境議題時，可預測性與穩定性的強弱，將影響到投資者是否有信心。

- **穩定性**：降低資源價格波動，並通過配套的財政措施，達成更平衡的總體經濟環境，例如審查公共支出的構成和效率，並通過增加污染稅的價格，減少風險成長率的負面衝擊。

- **資源瓶頸**：資源瓶頸使得政府的投資會更加昂貴，例如：建設必要的資本密集基礎建設時，水的供給短缺或是質量下降。從這方面來看，自然資本的損失可能會超過經濟活動所產生的收益，並破壞未來可能成長的能力。

- **環境系統的失衡**：會產生更多深度的、突然的、嚴重損害，並可能產生不可逆轉的風險影響，像是氣候變遷影響到一些魚類的生存，造成生物多樣性的損害。試圖從一些案例中找出可能的原因，氣候變遷、全球氮循環，及生物多樣性喪失是特別突出的項目。

$\dfrac{1}{2}$ 綠色成長的定義

　　暢議綠色成長的核心組織之一「全球綠色成長機構（GGGI）」對於「綠色成長」這個新興概念做了如下的定義：「可同時確保氣候和環境的永續發展，並維持經濟成長的革新性發展模式。它著重於解決這些挑戰的根源，同時創造必要的資源分配和貧困地區獲得基本日用品的管道」。此外，不同的國際組織在推動綠色成長時，也賦予了它不盡相同的定義，整理如下：

表 1-1 綠色成長是⋯⋯

組織	綠色成長是⋯⋯
聯合國全球永續發展委員會（United Nations Global Sustainability Panel, UN GSP, 2011）	一種同時促進經濟成長和發展，又確保自然資源和環境服務的保護和維護的新路徑。這種路徑特別重視技術與創新，像是智慧電網系統和高效率的照明系統等的再生能源，包括太陽能和地熱發電，以及如何改進技術開發和創新的獎勵。
聯合國亞太經濟社會委員會（United Nations Economic and Social Commission for Asia and the Pacific, UNESCAP, 2012）	促進低碳、具有社會包容性的環境永續之經濟發展。以使用更少資源的情況下，達成經濟成長和福祉，滿足食品生產、運輸、建築和住房，並減少碳的排放，持續勾勒綠色成長的路徑，主要的重點在亞太地區。
世界銀行（World Bank Group, WBG, 2012）	使成長過程能減少污染和對環境的影響達到最大限度。資源能節約運用、乾淨且有彈性的，這種成長必須具有包容性，目標是透過協調發展中國家在迫切需要快速成長和減貧的同時，避免不可逆、代價高昂的環境破壞，藉以實施永續發展。
全球綠色成長機構（Global Green Growth Institute, GGGI, 2010）	可同時確保氣候和環境的永續發展，並維持經濟成長的革新性發展模式。它著重於解決這些挑戰的根源，同時創造必要的資源分配和貧困地區獲得基本日用品的管道。

⋯

續上表

組織	綠色成長是……
聯合國永續發展委員會 Rio+20 高峰會（United Nations Conference on Sustainable Development, Rio+20, UNCSD Rio+20, 2012）	強調永續的環境可使經濟持續進步、促進低碳、具有社會包容性發展，也強調綠色投資會驅動經濟成長。
韓國實踐低碳、綠色成長的架構（RoK Framework Act on Low Carbon, Green Growth, 2010）	透過節約和有效利用能源及資源，減少氣候變化對環境的破壞，透過綠色技術的研究和開發取得新的經濟成長點，創造新的就業機會，以及協調經濟和環境。
柬埔寨政府（Government of Cambodia, 2009）	環境可持續的進步，培育低碳、具有社會包容性的發展。
盧安達政府（Government of Rwanda, 2011）	一個新興的概念，認識到環境保護是全球和國家經濟發展的驅動力。它重新聚焦社會上實質的成長，而不是簡單地增加國內生產總值。
綠色成長領導者（智庫組織）（Green Growth Leaders, GGL, 2011）	創造就業機會，或 GDP 的成長與兼容或行動來減少溫室氣體。

1/3 話說綠色成長

🌱 圖 1-2　第五次環境發展部長級會議發表「首爾綠色成長倡議網絡」的部長宣言照片

圖片來源：http://www.iisd.ca/sd/mced/24march.html。

1.3.1 起源於亞太地區

　　令人驚訝的，「綠色成長」的概念並不是從西方引進的觀念，它是一個不折不扣起源於亞太地區的新興發展路徑，更是由我們鄰近的韓國率先採納，進而影響到全世界。

　　「綠色成長」這個概念的出現，是在 2005 年 3 月於首爾舉行的聯合國亞洲及太平洋經濟社會委員會（UNESCAP）第五次的環境發展部長級會議（Ministerial Conference on Environment and Development, MCED）中，五十二位來自亞太地區各國的政府代表及利害關係人，經討論後一致同意了

「超越永續發展」的口號，以追求「綠色成長」路徑，並共同發表了《首爾綠色成長倡議網絡》的部長宣言，同時制定永續發展的區域執行計畫，將「綠色成長」視為能夠達成永續發展的關鍵性策略。綠色成長的倡議帶給了聯合國亞太經濟社會委員會（UNESCAP）更廣闊的視野，透過環境發展部長級會議所提出綠色成長的解決方案，各國政府也試圖去協調經濟成長與環境永續性，同時提高經濟成長的環境效率，加強環境與經濟之間的協調作用。

綠色成長這一條有別於過去經濟／環境只能二者擇一的新路徑，是在 2008 年全球金融危機，全球經濟持續低迷的情況下，才真正受到國際間大幅關注。

Box 1-1 　　　　　　　MCED

環境發展部長級會議（Ministerial Conference on Environment and Development, MCED），由聯合國亞洲及太平洋經濟社會委員會（UNESCAP）每年舉辦，部長級會議為其最高的決策機構，透過區域和次區域合作促進本地區社會經濟的發展。

1.3.2 危機就是轉機 —— 韓國一馬當先

2008 年金融風暴席捲全球，韓國率先採取了「低碳綠色成長」的新國家發展願景，將綠色成長置入其國家型計畫，做為因應金融危機的一項新策略。2009 年，他們又在國家戰略中發佈綠色成長的五年計畫，並頒佈低碳綠色成長框架法案，同時主動向 OECD 國家持續推廣綠色成長的概念。

1.3.3 OECD 推波助瀾

在金融風暴的陰霾下，綠色成長這個另類、清新且創新的概念立即獲得 OECD 各國的熱烈迴響。在 2009 年 6 月，OECD 的部長級理事會議，由三十個成員國及五個準成員國（含括全球約 80% 的經濟體）發表了一項聯合聲明表示，綠色成長的發展，應該採取「互助」的模式，聲明中要求 OECD 會員國發展經濟、環境、技術、金融和匯集成一個綠色成長戰略的綜合框架。此後，OECD 就成為了推動「綠色成長」的主要支持者，並支持各國為推行綠色成長而努力。

Box 1-2　　　　　　　　OECD

經濟合作暨發展組織（Organisation for Economic Co-operation and Development, OECD），前身為歐洲經濟合作組織（OEEC），由美國及加拿大發起，目的是幫助執行致力於第二次世界大戰以後歐洲重建的馬歇爾計畫，1961 年後改成現有名稱，宗旨為幫助各成員國家的政府實現可持續性經濟增長和就業，成員國生活水準上升，同時保持金融穩定，從而為世界經濟發展做出貢獻。目前會員國由三十四個市場經濟國家組成，我國以「中華臺北」的名義為該組織的委員會觀察員。

1.3.4 東協領袖們的宣言

綠色成長概念在 2010 年河內舉行的東協（Association of Southeast Asian Nations, ASEAN）高峰會再次獲得東協領袖們的肯定與確認。此次會議中通過的《東協領袖宣言》，揭示

了東協領袖們對於促進綠色成長，持續復甦與發展的決心。宣言中包括對維持環境永續性及自然資源的永續利用做長期性的投資，以確保自然資源的多樣化及經濟活力。

1.3.5 《仁川綠色宣言》的通過

2010 年是奠定「綠色成長」以亞太地區為主要的發展路徑、突飛猛進最重要的一年。這一年，亞太地區有多項國際會議重申並支持這個新興發展路徑。首先，聯合國亞洲及太平洋經濟社會委員會（UNESCAP）在 2010 年 5 月的第六十六屆會議中通過了《仁川綠色宣言》具有指標性的意義，顯示聯合國亞太地區的成員國積極迫切地「持續加強綠色成長策略，以應對當前危機及尋求突破」。同年 10 月，該委員會在哈薩克

🌀 圖 1-3　GGGI 位於韓國的總部及專家學者

圖片來源：GGGI 官方網站 http://gggi.org/news-events/news/。

共和國的首都阿斯塔納（Astana）舉行第六屆環境發展部長級
會議（MCED）也做出類似的宣言。由此看出綠色成長路徑的
發展在亞太地區的帶頭角色。試圖協調經濟成長與環境的永續
性，同時提高經濟成長的環境效率，並增強環境與經濟之間的
協同作用。

1.3.6 專責全球綠色成長機構的成立

2010 年 6 月，韓國成立了非營利基金會「全球綠色成長
研究國際組織」，並於 2012 年 6 月聯合國 Rio＋20 高峰會上，
被提升為新的國際組織。GGGI 委員會成立的宗旨，在於致力
推廣綠色成長為一種新的經濟成長模式。其目標為減少貧窮、
創造就業機會、增加社會包容性與環境永續性、緩和氣候變遷
與避免喪失生物多樣性，並取得安全與乾淨的能源及水資源。
GGGI 委員會期待幫助亞太地區「跳過已開發國家的工業化模
式」，避免以「經濟成長優先，其他擱置處理的陷阱」，從這點
上來看，這個以亞太為首的全球綠色成長機構的成立，反映了
一個廣大的區域利益。

Box 1-3　　　　　　　　　　GGGI

全球綠色成長研究國際組織（Global Green Growth Institute,
GGGI），為一國際性非營利組織，並且在聯合國大會有觀察員地
位，總部設於韓國首爾，宗旨在發展經濟成長的新模式「綠色成
長」，平衡經濟性能和環境的永續發展，以幫助建立強大且有包
容性的社會。

1.3.7 G20 的支持

此外，綠色成長概念在 2010 年 11 月於 G20 首爾高峰會上又獲得進一步開展。各國領袖不但認可了綠色成長是永續發展的一部分，這個發展路徑更能協助各國在許多領域超越其固有技術。與會國代表也同意採取有效措施，創造有利環境，為能源效率和乾淨的能源技術發展而努力，會議中有若干國家的政府決定採行擴張性政策「綠色財政手段」（green fiscal），足見 G20 國家在 2008 年全球金融危機與經濟衰退後，意識到發展與風險的路徑失衡，亟欲新闢奚徑。

G20 國家所提出的各種刺激全球成長與創新的誘因：包括支持可再生能源、碳捕獲和封存、能源效率、公共交通和鐵路、提高電網輸電，以及其他公共投資和環境保護的獎勵機制。在 2008 到 2009 年度全球有 3.3 兆美元的財政手段，其中約有 5,220 億（約 16%）是致力於環保支出或減稅。2012 年，G20 國家的主席國墨西哥引進「包容性的綠色成長」做為 G20 的優先發展議程。其他一些國際組織、智庫和學者也把注意力轉向綠色成長，包括 the World Bank 和 the Green Growth Leaders。

Box 1-4

★ 綠色財政手段（**green fiscal**）：指政府頒佈實施、利於促進綠色經濟發展、一系列財政政策措施的總和，包含綠色財政收入（綠色稅收）、綠色財政支出（綠色補貼）、綠色轉移支付（生態轉移支付）、綠色政府採購以及綠色財政管理。

續上頁

★ 綠色稅收（green taxes）：指政府為履行其職能、實施綠色公共政策和提供綠色公共物品與服務的需要而籌集的「綠色資金」。如我國所徵收之水污染防治費、空氣污染防制費等，對於排放者收取費用，並專款專用於防治各該污染上。

★ 綠色補貼（green subsidy）：指在綠色經濟條件下，政府為提供綠色公共產品和綠色服務，滿足社會共同需要而進行的「綠色」財政支付。如我國為鼓勵節能減碳及綠色消費，經濟部以專案的形式，於特定期間內補助節能家電產品，民眾可直接到台電公司各區營業處服務中心或所轄的各區服務所提出申請或選擇郵寄辦理，即綠色補貼。

★ 生態轉移支付：指對在某一區域內為保護和恢復生態環境及其功能而付出代價、做出犧牲的單位和個人進行經濟補償時，採用同級的各地方政府之間財政資金的相互轉移的制度安排。目前中國新修訂《環境保護法》，建立了「生態補償專項轉移支付制度」，於 2015 年 1 月 1 日起施行，而我國方面目前缺乏這一部分。

★ 綠色政府採購：目前為國際主流，以政府發起綠色商品的採購行動，進而推動國家的綠色消費，可分為自願式與具法條規範的強制式，我國採用後者，將綠色採購目標、產品項目與產品準則等，納入《政府採購法》、「機關優先採購環境保護產品辦法」、「機關綠色採購績效評核作業要點」、《資源回收再利用法》等之中，使政府機關在採購上有所依循。

★ 綠色財政管理：指將環境保護的理念融於所有管理之中，它要求在財政管理中時時處處考慮環保、體現綠色。

★ 碳捕獲與封存（Carbon Capture and Storage, CCS）：指將能源或產品生產過程中產生的二氧化碳從排放氣體中分離，再經過濃縮與壓縮送至適當地點進行長期封存的相關技

續上頁

術。目前美、日、歐盟等國家皆有初步的研究，但要使該項技術邁向商業化尚待更多的國家投入研發資源，以加速相關技術的發展。

★ **包容性綠色成長：**為針對亞太區域強調環境永續的經濟進展，以扶植低碳社會包容發展的政策，意指在經濟成長過程中，減少對資源使用、碳排放與環境破壞的發展。如世界銀行於 2012 年《包容性綠色成長》（*Inclusive Green Growth*）報告中表示，為達控制大氣中溫室氣體濃度低於 450ppm 之目標，至 2030 年前，全球每年須額外投入 3,500 億至 1.1 兆美元，推動綠色科技發展。

資料來源：行政院，2012，《國家發展計畫（102 至 105 年）》。臺北：
　　　　　行政院。

1.3.8　綠色成長全球知識平台的建立

經過七年的倡議，綠色成長逐漸從一個新興概念，發展成不同層次、不同面向，和各地區脈絡細節的知識網絡。2012 年 2 月，世界銀行、聯合國環境署（UNEP）、OECD 和 GGGI 等若干國際組織，為了整合綠色成長的知識、策略與實務，在墨西哥推出了一個新的國際知識共享平台 —— 綠色成長知識平台（GGKP）。在這個共同的知識管理架構下，匯集了全球主要國際組織對綠色成長和綠色經濟的努力與支持。綠色成長知識平台成立的目的，在協助強化綠色成長的各種努力，同時解決綠色成長理論和實踐的重大知識差距。這個平台也提供資訊與相關知識幫助各國制定和實施政策，邁向綠色成長的路徑轉型。

1.3.9 綠色成長發展上的重要過程

表 1-2 綠色成長發展上的重要過程

2005
- MCED 發表「首爾綠色成長倡議網絡」，確立綠色成長為達成永續發展的關鍵性策略。

2008
- 「全球金融危機」後，綠色成長開始受到亞太地區外其他國家的重視。

2009
- OECD 推波助瀾綠色成長，並研製各國發展時所需的策略框架。

2010
- 第六十六屆亞太經社會通過《仁川綠色宣言》，顯示當前需求綠色成長的急迫性。

2012
- GGGI 於 Ria+20 高峰會上提升為新的國際性非營利組織。
- 各國際組織聯合成立 GGKP 做為綠色成長知識管理的平台。

1/4 成功的綠色成長策略指南

　　綠色成長策略是一種新的發展路徑，主要政策目標是要縮小從事經濟活動和回饋社會整體利益之間的差距，並提高回饋對於「綠色」的投資及創新。綠色成長政策需要由國家推

動，鼓勵企業和消費者更環保的行為，以再分配就業、資本及技術朝向更環保的方向去做，並提供足夠的獎勵支持綠色創新。由於從褐色經濟到綠色經濟勢必帶來社會、產業、民生各種層次的轉型調整與資源重分配，綠色成長策略也盡量減少變化對分配所產生的影響，處理對社會的最弱勢群體和企業管理可能造成負面的經濟影響，也預留調適的空間與改善經濟績效的獎勵。

1.4.1 兩大政策框架

根據《Inclusive Green Growth: For the Future We Want》（OECD, 2012）報告的建議，國家推動綠色成長策略時，應從兩大政策框架著手：綠色財政與監管、獎勵機制與污染者付費。第一組政策框架是經濟成長和自然資本保護的相互加強，在這一組政策框架下，主要的核心是財政和監管機制的設置，

■ 表 1-3 綠色成長的政策框架

例如：稅收和競爭政策（competition policy）。若有良好的制度設計和執行，將能對自然資源做最有效的配置。第一組政策框架是用經濟政策來帶動實務，在這些策略的設計再加上創新的政策，將可保有良好的經濟與環境，使我們在自然資源的使用上更加的謹慎以及有效率。第二組政策框架則是針對有效地利用自然資源予以獎勵，並使用政策工具以價制量，提高污染的價格，包括價格機制或其他可能的政策工具的組合。

1.4.2　稅賦是為污染定價的良好手段

雖然各國的情況有所不同，但透過稅賦或是交易許可證制度的機制，將污染或是過度開發的稀缺自然資源定價，是政策組合的一個核心要素。定價機制傾向以最小成本達成既定目標，並為進一步提高效率和創新獎勵機制。重要的是，增加環境稅可在以成長為導向的賦稅改革中發揮作用，轉移稅賦的一部分來縮小企業獲利與社會貢獻之間的距離。能源稅和碳稅也可以成為廣泛的財政整頓方案中的一部分，它能替代勞工、營業收入或降低公共開支原先所要繳的稅。

> **Box 1-5**　「碳稅」、「碳交易」與「能源稅」
>
> 基於 1997 年《京都議定書》（*Kyoto Protocol*）的目標「將大氣中的溫室氣體含量穩定在一個適當的水平，以保證生態系統的適應、食物的安全生產和經濟的永續發展」，而發展出了「碳稅」（cap tax）及「碳交易」（cap and trade）等控制碳排放總量的方式，前者使政府多了一項收入，可成立專用基金投入節能減碳

續上頁

或新能源的研發；後者則是限制廠商的碳排放額度，若有剩餘額度，可賣給其他超過排放量之廠商，以達總量管制之目的。

目前將「碳交易」制度化的有歐盟、瑞士、紐西蘭、德國；而已經施行「碳稅」的國家有芬蘭、挪威、瑞典、丹麥、瑞士、荷蘭、愛爾蘭、印度、哥斯大黎加等，其中芬蘭在 1990 年開始徵收碳稅，是世界上第一個收此稅賦的國家，最早是針對碳濃度收費，目前則是配合歐盟電力市場自由化調整能源稅及碳稅的內容，並排除部分能源密集產業（避免重複課稅），據芬蘭環境部 2014 年的資料顯示，2007-2013 年六年間，全國的碳排放量下降了 20%。

另外歐盟有全體適用之法案，透過碳稅做為現行碳交易制度之補充，設法管制現行碳交易制度無法涵蓋到，卻佔整體排碳量 60% 的小規模使用化石燃料行業。

令人遺憾的是，澳洲的碳稅制度本將於 2015 年上路，但於 2014 年 7 月份宣佈終止並撤銷碳交易計畫，改提碳減排基金（Exchange Traded Fund, ETF），成為首個制度化後反悔的國家。

而「能源稅」所包括的項目則是更加廣泛，如歐盟的能源稅是為了控制「能源消費的浪費，降低因能源消費引發環境污染而制定的重要法律法規，其中包括二氧化碳排放稅、氮氧化物排放稅、二氧化硫排放稅以及其他在能源消費中所產生的有害物質的排放稅等。

我國於 2006 年亦有提出《能源稅條例》草案，其最主要精神抑是「對二氧化碳排放量之限制」，但由於遭逢 2008 年的全球經濟不景氣以及民眾及廠商對於能源稅的疑慮，遲至今日尚未通過。目前經濟部打算將能源稅議題，納入全國能源會議討論，以尋求社會共識。

1.4.3 市場工具之外的手段

市場工具不是每一種情況下都適合使用，在某些情況下，設計良好的監管，引導出積極支持政策的技術發展和自願性的方式，可能更合適。此外，企業的響應能力和消費者的對價格取向，在許多情況下，可以透過突顯商品對環境所造成的具體破壞的資訊，而使消費者選擇具有可得性的乾淨替代品。

Box 1-6 我國 LED 產業

🌱 圖 1-4　LED 燈泡示意圖

資料來源：http://en.wikipedia.org/wiki/LED_art。

發光二極體（Light-Emitting Diode, LED）產業為我國經濟部所推行的綠色能源產業中的主力產業，雖然較先進國家起步晚，但由於近年的上下游產業鏈分工合作與研發工作等地進行，擠身全球第二大的 LED 生產國（第一為日本）。

政府在這之中亦扮演重要支持者的角色，如 2007 年年底推行的「照明節能推動方案」，短期內以省電燈泡全面取代白熾燈泡，由政府機關開始做起，並輔導各公共場所自行換裝省電燈泡；2008 年開始以「LED 道路路燈示範計畫」逐步更換路上的紅綠燈及路燈，從傳統設施更換成亮度更亮、用電量更低的 LED 燈泡，根據經濟部能源局統計至 2011 年的資料，全國已更換七十萬盞的 LED 交通號誌燈；2012 年 LED 燈技術較成熟後，能源局推出「第二階段照明節能

續上頁

方案」，一顆 LED 燈泡補助 200 元，平居每戶五到十顆，預估在 LED 燈普及後，臺灣的照明用電（約佔全體用電量的 10.9%）可大幅減少四成，約 107 億度電，政府與民間共同省下的用電支出高達新臺幣 267.5 億元（經濟部能源局，2008）。同時配合法規的修法，2012 年後禁止販賣白熾燈泡，以達技術上全面替換之效果。

2015 年的 7 月，桃園率先推出能源服務公司（Energy Service Company, ESCO），在符合一定條件下（燈數多、點燈時間長），提供 ESCO 節能績效保證方案，採免費安裝、設備保固、節電共享的三大節能保證模式，由廠商先將社區燈具換成 LED 燈具，換完後跟去年同期相比，省下來的電費再付給廠商。此種模式使得 LED 產業在推廣上更加地順利。

1.4.4 「創新」創造成長來源

改善經濟回饋是解決方案的一部分。創新可以創造新的成長來源，更真實的反映自然資本對社會的全部價值，並降低應對環境風險的成本。社會越來越依賴於他們所熟悉的機構和技術，社會和經濟的惰性與慣性非常強大，即使是環境產生相當大的變化也不會改變其行為。因此破壞性創新是帶來突破、新的生產和消費模式，不可或缺的強大力量。

綠色成長策略也需要解決綠色創新所面臨的技術與成本等挑戰：

（一） 許多外部環境因素是價格過低或是沒有定價

例如碳價格有助於獎勵創新以應對氣候變遷，但碳價格目前過低，與理想有相當大的差距。

（二） 新技術難以加入競爭

路徑依賴和現有的技術與系統之主導地位，使一些新的技術很難與之競爭，更不用說要在市場上佔有一席之地，與擴大規模，這也是為什麼階段性的扶植獎勵很重要。但須精心設計以促進高效技術的出現和吸收，同時減少技術鎖定、缺乏競爭或排擠私人投資的風險。

（三） 貿易壁壘和投資破壞綠色技術的開發與全球推廣

減少貿易障礙，同時有效保護智財權和執法有其必要性，可以鼓勵技術開發和推廣，以及提供便利性讓外國直接投資。

1.4.5 綠色成長需要新的基礎設施與組織配合

綠色成長還需要政策來協助建立網絡基礎設施，以適用下一代技術，特別是在能源、水、交通和通訊網絡的部分。綠色基礎設施的投資，能夠避免昂貴的鎖定成長低效率模式，可以帶動經濟成長、帶來社會和醫療福利，使得發展中經濟體得以飛躍式的前進。

大多數國家都需要大規模的投資，運用公、民營的投資，例如，通過公私合作夥伴關係、關稅和稅收，促進投資的主要

機構合作夥伴關係，改善監管障礙和健全的長期政策走向，以及發展援助的綜合性政策，這些配套措施都有相當的必要。

最後，綠色成長策略的成功，最重要的部分是一個明確的行動框架、一組具有一致性的經濟和環境政策，這些政策需要建立在部會和各級政府之間的高度協調與整合能力，以及各級政府機關與其利害攸關之外的組織的協調能力，才能使制度成為真正適合當地條件且有地方文化脈絡的政策組合。在許多情況下，適當的組織能力，以及確保財政主導作用，將有助於整合以綠色成長為核心的經濟策略與其他政府政策，經濟和環境兩者的配合是綠色成長成功的必要條件。

Box 1-7　他山之石 —— 韓國的綠色成長策略

讀完了這一章節，我們可以發現韓國為了要擺脫傳統發展路徑並減少對於在不遠的將來將消耗殆盡的石油能源的依賴，他們投入非常多的心力致力於綠色成長這個領域，不管是在國際組織中的倡議，或者是國內的立法（2010 年通過的《綠色成長法》）、推行國家總體綠色策略（每五年為一個計畫單位，並要將目標含括到 2050 年），投入的經費是 GDP 的 2%。

根據韓國 2009 年到 2013 年的五年計畫，其主要分為三大策略方向及重要政策內涵：

策略方向

1. **緩解氣候變遷及能源依賴**：降低排碳、提升能源自給率、協助因應氣候變遷的衝擊。

續上頁

2. 創造經濟成長新引擎：發展綠色科技、產業綠化、發展尖端產業、建置友善成長的綠色環境。

3. 促進生活品質，提升及加強國際地位：綠色城市與運輸、生活型態改革、強化綠色成長合作。

重要政策內涵

1. 因應氣候變遷，降低溫室氣體的排放。
2. 提升能源使用效率。
3. 增加再生能源供應比例。
4. 改善運輸工具排氣及油耗。
5. 水資源與生態環境基礎建設。
6. 發展綠色科技。

其中較特別的是，這份五年計畫除了傳統上經濟、科技、產業的計畫投入外，韓國撥了 173 億美元優先用於重要政策中的第五項 —— 水資源與生態環境基礎建設，復原當地河川，以防旱澇災及提升當地民眾生活品質。

參考文獻

台達電電子文教基金會，2011，《國際低碳趨勢百科 —— 誰有碳稅　誰有碳交易》。臺北：台達電電子文教基金會。

行政院，2012，《國家發展計畫（102-105 年）》。臺北：行政院。

李永正，2011，〈韓國新世代綠色成長策略〉。《台灣經濟研究月刊》34(5): 90-100。

劉婉柔，2013，〈能源稅政策之推行現況與設計建議〉。《台灣經濟研究月刊》36(12): 38-46。

蕭代基等，2009，《綠色稅制改革之研究》。行政院財政部賦稅署研究報告。

UNDESA, 2012, *A Guidebook to the Green Economy* (pp.33-35).

The World Bank, 2012, *Inclusive Green Growth the Pathway to Sustainable Development*, (Vol.1 of 2) Main report. Washington, DC.

OECD, 2012, *Inclusive Green Growth: For the Future We Want* (p.10).

OECD, 2011, *Toward the Green Growth Executive Summary* (p.9).

LEDINSIDE, http://www.ledinside.com.tw/.

Box 1-8

綠色成長知識平台〈Green Growth Knowledge Platform, GGKP〉：網址為 http://www.greengrowthknowledge.org/，有興趣的讀者可至此平台瞭解各國對於綠色成長的最新進展。

memo

有關
綠色成長的辯論

2
CHAPTER

從 2008 年金融海嘯打擊後，綠色成長的論述逐漸受到媒體、大眾注意，綠色經濟發展模式之所以受到重視，不單是它能夠解決舊型態經濟發展的困境，也同時能夠回應氣候變遷所衍生的新問題。在擁抱綠色成長策略時，某些國家較注重的是透過替代的能源開發、減排策略，來處理一直未受到嚴格監管的碳排放市場問題；但有些國家在開發新型態能源的同時，則更重視它帶來的經濟效益，衡量過程才會決議到底應進行投資哪種能源開發以及基礎建設，其最終目標仍然是以國家具有經濟上的競爭力為優先。

因此，國家經濟發展和綠色成長目標間的拉鋸引發了不同的爭論，到底誰為方法？誰又是目標？這些從「減排」到「經濟成長」之間的綠色成長權衡發展的論點，大致可歸納成三種模式：最保守的論點認為綠色成長只是做為減碳方法論而已；第二種論點，更為開放者認為綠色成長可以帶動就業機會增加；第三種為最樂觀的論點，則認為綠色成長的路徑將帶領國家進行整體的產業結構轉型。這三種論述建立在三種完全不同的假設，進而推演出完全不同的政策、策略與配套，因此也帶來了各國綠色成長策略，根據各國國情差異且多樣化的發展。

最保守的第一種論點：
綠色成長做為減碳手段

　　第一種論點的說法注重的是對於綠色成長成本負擔，而不是利潤獲取。成本包含了在減排過程中所進行的投資策略、基礎建設，還有需格外注意的是減排政策的時程規劃，操之過急地全面推動，可能造成經濟上震盪，政治上的不信任、退縮導致失敗。因此，這個論點的想像，就是當減排策略運用得宜，可以讓因應氣候變遷的政策或行動，與經濟成長同時進行。在這個最保守論點下，常見的策略是透過價格改變碳市場、降低化石燃料補貼、改善稅制，與減少能源供應國影響。

2.1.1 透過價格改變碳市場

　　在第一種論點下，價格設定的主要功能是控制碳排放量。不過，公平價格必須透過市場機制來把關，因此在政策制定上應成立一個碳交易的平台（cap-and-trade）。目前全球碳市場交易逐年成長，2014 年全球碳交易總額已達 300 億美元。歐盟與中國是全球規模最大的碳交易市場，碳交易總額為 20.39 億頓與 11.5 億頓二氧化碳量（World Bank, 2014）。各國近年來也都跟進積極推動碳交易制度，例如澳洲政府通過《潔淨能源法》（*Clean Energy Legislative Package*, CELP）、美國加州通過「總量管制與碳交易」（Cap and Trade）、加拿大魁北克、韓國、墨西哥及中國等，都致力於推動碳交易制度，以便在國際減碳潮流下，能逐步與國際接軌。

　　碳交易平台除了是因應市場機制而生之外，交易平台也具有一定程度的彈性，可以面對各國無論是來自工業或家庭的碳排放。此外，透過碳交易方式和市場機制，各國也開始研發低碳經濟下的各種新興產品或是技術。

　　但透過碳交易價格管控碳排放量也要注意幾項要點：首先，過度膨脹的價格可能會影響到在貧窮線以下家庭的生活品質；其次，價格控制仍舊會影響工業發展競爭力；第三，碳交易的過度開放或是缺乏管制可能會導致崩壞、腐化；第四，應避免政治力過度干預，導致碳交易價格失衡。

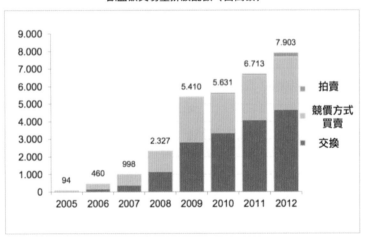

歐盟碳交易量排放配額（百萬頓）

Source: Bloomberg New Energy Finance. Figures taken from Bloomberg, ICE, Bluenext, EEX, GreenX, Climex, CCX, Greenmarket, Nordpool. Other sources include UNFCCC and Bloomberg New Energy Finance estimations.

 圖 2-1　歐盟碳交易排放配額

　　資料來源：UNFCCC and Blooming New Energy Finance estimation。

透過價格控制碳排放量也不是萬靈丹，許多人也對價格控制提出若干批評。這些批評包括：降低排放量，可能造成工業成本上升，壓縮勞工薪資空間；歐盟碳排放交易機制受人質疑，是否真正降低了碳排放量？此外，全世界碳排放交易都無法躲避美國的政治脈絡干預，因此在整體而言減排策略仍有待商榷。

不過，減排以及碳交易的模式才剛起步，碳交易市場制度施行期間尚短，還必須經過幾年測試其真正效果。碳交易價格雖並不是抑制碳排放持續增長的唯一方法，真正的降低排放，還是需要仰賴新的節能技術，抑或發展新能源來取代化石燃料才是根本之道。

Box 2-1　　　　　碳交易平台

碳交易體制主要是透過設定排放上限，以及減少免費碳權配置，進一步將溫室氣體市場化，成為類似可以交易的商品。市場內的利害關係人便能依據市場法則，進一步以最有效率的方式交易碳權。中國在境內構建碳交易市場，並在北京、上海和天津等地設立了環境能源交易所，以回應《京都議定書》的碳減排量。臺灣目前推動碳交易則面臨幾項難題：1. 缺乏執行排放權交易之法源、2. 非《京都議定書》締約國、3. 市場規模不足、市場參與者少、流動性不足、4. 碳排放控制與消費者之間負擔未取得平衡、5. 產業未提供完整排放數據，最後 6. 排放權分配爭議。

2.1.2 跟綠色成長障礙說再見：
降低化石燃料補貼、改善稅制

移除對化石燃料的補貼，是另一項解開產業成長枷鎖的重要方法，降低化石燃料補貼將會遏止扭曲的高排碳經濟，進而促進低碳經濟發展。另外，針對石油進口國家的財政而言，也能夠大幅減輕負擔。這些節省下來的金錢，都將成為投資轉型經濟的預算。

不過，反對降低化石燃料補貼的意見主要來自石油輸出國家，因為如此一來將會大幅減少這些國家的收入。此外，許多發展中國家亟需藉由工業化成長，政府若無補貼政策，則可能拖延國家發展進程。例如，在印度就有部分抗爭促使政府取消

圖 2-2　2014 年 8 月 1 日高雄發生嚴重氣爆事件後災難現場照片
圖片來源：由中央社提供。

了對化石燃料的補貼，延展到政治上的困境，因此，政府決策必須同時考量經濟發展和對未來減排之間的平衡。最後，國家透過稅收制度課徵碳稅或其他規費，可以轉向減輕一般中低家庭用戶的能源需求。因此，這個方法所強調的是透過合理稅收、以及取消石油燃料補貼所節省的金錢，進行對未來低碳產業發展的挹注，形成一種雙重紅利的結構（double-dividend）。

2.1.3 能源安全：減少能源供應國的影響

能源價格受制於全球化影響，能源進口大國其經濟命脈，可能受制於能源出口國。因此，單一國家的掌控度極低，且在遇到政治衝突時，以化石燃料為主的國家在面對市場波動則更顯得脆弱。價格波動主要影響到產品成本提高，降低了工業競爭力，因此，以化石燃料為主的國家，必須透過減少對能源的依賴，才能因應突如其來能源短缺的危機。例如，2007 年俄羅斯暫時停止供應天然氣給東歐，造成東歐國內產業嚴重停滯。對於各國而言，減少碳排放，同時也要降低能源依存度，才能追求穩定的能源供給。最著名的例子是 2008 年前南韓總統李明博提出能源脆弱性（energy vulnerability），以韓國長期為能源進口大國為借鏡，開始正視其國內能源安全問題，這樣的反省也帶動了韓國國內追求發展低碳產業、綠能經濟的風潮，降低韓國能源依賴性。

綠色成長從減碳為出發，同時關切減碳以及經濟上的各種考量：第一，減排速度過快、化石燃料補貼取消過快，或是稅制過度嚴苛，都會嚴重影響到經濟發展；第二，整體而言，國

家一方面應該透過減排政策，另一方面也該同時發展低碳經濟，包含從基礎建設、政策推廣、獎勵補助到公共參與。唯有政府才能將資源做有效益的分配。因此，這個觀點特別強調政府公權力的角色，一方面逐漸降低補助款，同時將預算投資在具有未來性的綠能經濟，形成一個優良的內部循環。

然而，保守論點最常遭遇的問題就是政治上的困境，例如：政治人物該如何處理經濟上的犧牲以追求綠色成長？稅制改革、補貼對象都是具有高度政治性決定的問題；綠色成長的結果並不是立竿見影，在民主政治中，政治人物是否願意承擔長期看不見的努力成果，這些都是保守論點所面臨政治上難以突破的問題。

Box 2-2　　　能源脆弱性、能源安全

國際能源總署定義能源安全為：「在一定可負擔價格下，能源供應具有永續、不間斷性」。能源安全有很多方面：長期的能源安全，主要涉及投資與經濟發展，以及與環境之間的關係；短期能源安全的重點，則是能源系統及時在供需平衡變化中做出反應的能力。我國自 1990 年代起，能源依靠進口長期維持在 95%、進口石油依存度高達 99% 以上；在 2012 年的進口能源依存度為 97.49%，能源進口總值為 617.05 億美元。因此長遠發展而言，臺灣能源必須仰賴外國穩定供給，但若遭遇不可預期因素，例如：戰爭、天災等，則可能嚴重造成價格波盪，甚至短缺。因此我國能源轉型過程中，也必須同時思考如何替代過往高度依賴進口能源的困境，發展臺灣自給自足更穩定的能源供應系統，扭轉當前的能源脆弱性。

2/2 較開放的第二種論點：綠色成長創造就業

第二種觀點是源自於 2008 年金融海嘯後，嚴重打擊全世界經濟秩序，引發了大量的失業潮。許多學者提出應該透過綠色成長、綠色經濟的發展，帶動新一波就業潮。透過新的投資發展：能源使用效率、能源基礎建設，來增加新的一波就業機會。這種較開放的綠色成長論點，主要基於凱因斯主義的經濟論述，主要有三種觀點。

2.2.1 綠色經濟和凱因斯主義全新產業想像

在凱因斯主義下的國家政策，強調面對經濟衰退時，失業危機是由於增加國家赤字和預算處理經濟蕭條所引發的。因此，在 2008 年金融海嘯後，許多國家認為必須要有新的作為，才能化解大量失業危機，以免影響到治理的正當性。認為國家應在此時投入更多資源、預算、發展再生能源產業，以及提高能源使用效率。當代的凱因斯學派認為，綠色成長的新政策能帶來工作機會刺激經濟發展，這樣的政策稱為綠色開銷（green spending）。具體案例，像是中國於 2009 年花費了約三分之一刺激經濟計畫資金，用於開發綠色經濟；而美國則提撥了 12% 的預算支出支持綠色成長。

透過凱因斯策略的綠色經濟，轉換了整體產業模式，強調低碳產業，又透過國家方式補償了在舊時代轉型過程中失業的勞工。聯合國秘書長潘基文（Ban Ki-moon）也指出，未來的

產業發展應該要拋棄過去那些垂死的高耗能產業，而在產業轉型過程中，政府角色的介入才能協助安排更多人到適當產業位置，減少失業率。

聯合國環境署（UNEP）2014 年的《開發綠色經濟總體報告》（*Green Economy Modelling Report of South Africa*）中，以南非為例，談到完整的開發南非的想像。這個計畫從整體經濟結構，到人口、水資源、土地運用、外商投資、生產到開發

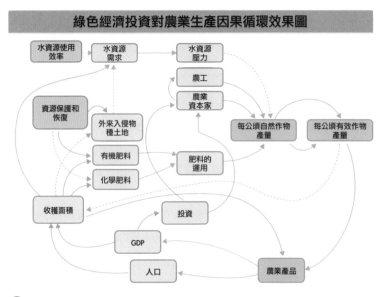

綠色經濟投資對農業生產因果循環效果圖

🍃 圖 2-3　綠色經濟投資對農業生產因果循環效果圖（本圖概述了南非運用綠色經濟概念在農業上，與一般傳統想法不同的是將資源保護、水資源運用加入。）

資料來源：Green Economy Modelling Report of South Africa。

一應俱全。足見國家推動綠色經濟並不是單兵作戰，而是需要去建立一個環環相扣的綠色生態網絡。

2.2.2 綠色工業政策：
推動再工業化與高技術勞工

在凱因斯主義的邏輯下，綠色成長的論述指出，朝向減排為主的產業發展方向，將能打開新的一波綠色轉型就業浪潮，不僅增加就業機會，同時也透過政府投資，促進產業轉型，帶來更多高技術、高質量的就業機會。此外，這個論述強調，新型的綠色產業同時也能抵抗工業化後帶來的全球化，強調新型綠色產業從在地特色出發（location-specific）。具有在地特殊性、差異化特質的綠色產業，會降低產業的脆弱度，較不會像過去製造業一樣隨波逐流，流於受制於市場的窘境。

舉例來說，在風能與太陽能產業需求上，因為地理特殊性，需要有在地科學家與技術性勞工，才能因地制宜地建造適合的設備。有學者指出，綠色經濟帶動的產業結構轉型，不僅彌補過去在金融海嘯失業人潮回流，同時也帶來高技術勞工的新就業環境，形成一個網絡式就業製造機（net employment generator）。雖然目前再生能源的工業強調在地性，然後近年來中國也大量進軍生產再生能源產品，代表現階段再生能源產品仍然是可以外包。中國之所以成為全球再生能源外包國，來自他們對環境法規鬆綁、缺乏環境監督。

Box 2-3　　臺灣綠色產業從在地特色出發
── 屏東養水種電

2009 年八八風災重創屏東養殖漁業、蓮霧種植業，民眾利用沿海土地含有鹽分的特殊地質進行養殖與栽種，就提供了一個從在地特色出發的綠色產業的最佳例證。屏東地區超抽地下水、海水造成當地嚴重地層下陷，因此，政府提出「屏東縣政府嚴重地層下陷區與莫拉克風災受創土地設置太陽光電發電系統專案」，一般通稱「養水種電」的改善計畫。這項計畫是由屏東縣政府與部分廠商共同提出，經過經建會以專案核定計畫。合作模式為廠商向農民承租土地來興建太陽光電設備，由業者發電、售電謀利。農民收取售電部分利潤做為租金與從事維護工作換取工資。

🌀 圖 2-4　屏東養水種電空照圖

圖片來源：中華民國僑務委員會（宏觀全球資訊）。

2.2.3 提高生產率、能源使用效率

從前面討論到的就業和產業轉型之間的關係，就可以理解到綠色成長提倡的不僅是重新僱用舊員工，同時也增加了產業的效能。增加能源使用效率可以持續增加就業機會，其原理是透過支出轉移（expenditure switching），當能源使用效率提高、赤字降低，家庭、工業的支出比相對降低，預期將會讓多餘金錢轉向其他服務業或是勞力密集產業，促進其他產業發展。因此提高生產率、能源使用效率的綠色成長觀點，強調能源的節能與提升使用效率，也可以同時促進其他產業發展。這個觀點著眼於一種「循環式獲利與僱用」（self-sustaining）的策略，也就是說，將透過整體產能提升帶動其他產業發展，再促進經濟總體回頭投資在更多關於能源提升的策略。若這種自我循環獲利與僱用模式能持續性開展，那將可避免經濟衰退的可能。

2.2.4 綠色就業迷思與爭議

關於綠色成長創造就業的第二種論點，常被質疑的問題有以下幾點：首先，凱因斯主義是否能有效率地增加工作機會？而這些工作機會是否就正好彌補從化石產業失業的勞動力？其次，關於透過提供生產效率、改變能源使用方式轉移投資的邏輯，遭到嚴重質疑。許多學者認為該邏輯本身，並不會促進能源使用效率提升、也不會減少碳排放，中間仍然有許多不確定因素，決定著政策走向。

此外，也有些學者認為透過財政方式刺激就業市場，沒有效率可言。因為透過公部門創造的就業機會，遠不及從私部門失業的人口，更未考量到目前經濟問題可能的來源正是公部門失靈，公部門透過財政刺激，依舊無法解決結構性經濟衰退的問題。最後一項質疑認為，科技的進步與日新月異應當會降低人力需求，反而越低階的綠能產業製造，轉向勞力密集國家。例如：中國就業機會增加，但因技術不足，造成的環境污染仍然相當嚴重。

因此，在這第二種較開放的論述當中，帶來了幾項反思：綠色成長的發展路徑是否仍然使用褐色經濟套路？抑或是需要從交易方式、教育、企業文化一起同步改造起？還是應該考量到需要引用新型態的管理方式與創新的服務等等。

2/3 最樂觀的第三種論點：綠色成長做為產業轉型

最後一項論述也是最樂觀的思考，認為綠色成長就是帶動總體經濟轉型，認為降低碳排放過程，同時能提高 GDP 數字。第三種論點同時也整合了增加就業機會的第二種論點，認為會提高比較利益優勢、降低碳排放過程、促進經濟成長。在綠色經濟中強調創新的重要性，最後討論綠色經濟出口導向的可能。

這個以綠色成長做為產業轉型的樂觀主義觀點，常受到詬病有二：第一，出口導向的綠色經濟，需要規格化後才能出

口,可能會降低其適用性;第二,出口導向經濟可能變成零和
遊戲的貿易競爭,結果經濟利益凌駕於總體受益,這是該論述
發展到後來必須面臨的課題。

2.3.1 出口增加:誰是贏家?誰是輸家?

當綠色成長發展到一定程度後,國內外市場打開,國內廠
商開始思索發展方向,而國家則成為協助廠商進入國際市場,
甚至掌握國際市場的重要推進器。國家透過增加廠商創新部
門、研發部門的補貼外,也可降低製造過程成本,提供一個更
優質的商業環境。丹麥、韓國、中國為典型透過國家協助發展
綠色經濟的範例。在中國,政府主要投資了風力與太陽能產
業,除了滿足國內龐大電力需求外,也嘗試成為再生能源在全
球市場的領導角色。

🌀 圖 2-5　丹麥離岸風車(丹麥目標 2020 年之前,再生能源發電比
例達到 35%,在 2050 年達到 100%。)

圖片來源:http://commons.wikimedia.org/wiki/File:DK-84-Kobenhavn-
Energy-Copenhagen-Denmark -Wind_Farm_(4890897324).jpg。

在國際市場的競爭壓力下，可能讓更多廠商將資金投注在國內，美國在 2007 年後，同意讓中國在加州掌握 90% 的太陽能發電，希望藉此刺激當地太陽能產業迅速發展。未來若發展穩定、持續發展國內再生能源，將能促進能源穩定度和國家能力的維護。

然而，當再生能源變成出口導向、市場機制決定時，可能造成一些爭議。

第一項爭議，出口導向。各國為了保護國內綠色產業，在市場上充斥以戰略為主的思維，另外各國優秀綠色產業技術通常來自於本身國內產業既有成熟度，例如：丹麥與德國著名的風力發電、渦輪機的應用，來自於國內對精密機械研究已經有厚實基礎。因此未來各國綠色產業希望能走出國外，也是取決於過去各國既有技術升級所決定，換言之，再生能源發展若進行貿易化其實還是跟各國既有產業無法脫節。

第二項爭議，政府仰賴綠色投資來帶動綠色成長，而鼓勵新綠色重商主義（new green mercantilism）。例如：在中國，政府會針對國內產業進行更好的補貼措施或減稅政策，甚至政府會要求在中國設置的國外能源公司進行智慧財產權的轉讓。讓中國國內產業在國際市場上的相對優勢太過強大，可能已經違反了《自由貿易協定》（Free Trade Agreement, FTA）的基本原則。因此，在綜合考量下，綠色成長的興起，在面對國際市場挑戰時，應該要有更廣泛的部門加入，並不是只有貿易機構決定而已，更多元的機構加入，才能遏止單純競爭模式的貿易。

對於綠色成長而言，出口導向的貿易分為兩種，一種是以技術出口導向，例如德國、丹麥風力渦輪；第二種則是低成本再生能源產品，例如中國。但過分強調再生能源出口導向、重商主義，有可能造成各國都無法享受綠色產業帶來工業利益，或者因為補貼、環境法規鬆綁，反而造成環境傷害以及造成碳排放提高。

2.3.2 綠色科技創新、未來的命脈？

無論是哪種論述，都強調以大量降低碳排放為目標。也因為人類意識到溫室氣體的重要性，為了拯救目前的環境，將會有更多創新思維出現。如果新的思維是為了增加競爭力，讓某個地區成為出口導向企業，那創新思維則會轉向尋找比較利益的方向。因此，一個廣泛性建議應該是要改造經濟消費習慣、產品生產力，用嶄新方式刺激 GDP 成長。

過去是政策導向的創新，現在已經變成公共投資促成綠色科技的創新，透過電腦科技、網路串聯私部門之間的資訊，讓創新發生於社會。但也有些學者深怕這種公共型投資會被模式化，而造成僵化。另一種投資模式為風險投資（Venture Capital），風險投資的產業應該會著重在風險較小、投資目標在中小型的產業上。能源產業一直被視為是存在需要長期投資、大量資本投入、時間成本很高的產業，這樣的特點，也使得風險投資家們可能不支援綠色創新，也不支持後期綠色產業技術商業化。

上述對於綠色投資質疑包含公共化可能造成僵化，以及風險投資家的迴避，有學者提出：政府的法規也可能是因應綠色成長而生，稱之為波特假設（Porter Hypothesis）。也就是說，透過法規限制排放，迫使廠商發展乾淨能源，同時也刺激了綠色能源創新，強迫產業必須進行升級。這些創新一方面解放了經濟發展困境，另一方面也達到減排效果，挪威、瑞士、丹麥都是成功例子。

2/4 臺灣反思：變與不變的能源政策

臺灣從 2009 年《再生能源條例》通過之後，政府積極推動我國再生能源的發展。全球市場研究機構 Trend Force 旗下綠能事業處 Energy Trend 表示，2013 年臺灣太陽能電池廠商出貨量年成長高達 42%，而臺灣太陽能電池片的出口量在 2012 年為全球第二高。目前臺灣有三大太陽能電池廠商位居全球前十大太陽能產業，包括茂迪、新日光、昱晶。不過，雖然臺灣這些綠色科技在國際市場有亮眼的發展，但是經濟部能源局的數據顯示，從 2009 年到 2012 年國內再生能源發展幅度相當有限。在經濟部 2012 年年報中顯示，能源供給再生能源部分較前一年只成長了 0.03%。如此產業與政策不平衡的發展，是否正說明了第三種觀點，出口導向的綠色成長，欠缺政府政策工具的整體配套設計，未必能夠對本土的永續發展與環境發展帶來明顯的改變。

單位：萬公秉油當量

項　　目	民國101年		民國100年		變動率
	數量	%	數量	%	%
國內能源消費(能源別)	11,153.69	100.00	11,188.52	100.00	-0.31
煤及煤產品	925.74	8.30	937.29	8.38	-1.23
石油產品	4,282.11	38.39	4,277.56	38.23	0.11
天然氣	374.76	3.36	342.14	3.06	9.53
電力	5,508.06	49.38	5,569.24	49.78	-1.10
生質能及廢棄物	17.40	0.16	18.77	0.17	-7.32
太陽熱能	11.40	0.10	11.32	0.10	0.73
熱能	34.23	0.31	32.20	0.29	6.31
國內能源消費(部門別)	11,153.69	100.00	11,188.52	100.00	-0.31
能源消費	8,917.76	79.95	9,056.32	80.94	-1.53
能源部門自用	791.29	7.09	803.91	7.19	-1.57
工業部門	4,256.40	38.16	4,318.48	38.60	-1.44
運輸部門	1,326.27	11.89	1,352.40	12.09	-1.93
農業部門	99.67	0.89	96.73	0.86	3.04
服務業部門	1,230.89	11.04	1,235.94	11.05	-0.41
住宅部門	1,213.25	10.88	1,248.87	11.16	-2.85
非能源消費	2,235.93	20.05	2,132.20	19.06	4.87

 圖 2-6　2011-2012 我國能源消費量及成長率

資料來源：101 年能源統計年報。

　　臺灣經濟部能源局在 2007、2012 年接連推出能源產業
技術白皮書，宣誓我國政府亟欲發展再生能源的決心。而在
2009 年召開的全國能源會議中，也對於未來我國能源使用走
向有諸多討論。近十年來這些針對國家能源配置的討論、投入
的人力、資源與經費，為什麼帶出來的結果，卻是再生能源使
用率仍然低於 2%？透過回顧世界各國在綠色成長議題上的各
種論述，我們應該認真思索臺灣能源政策的第一步該往哪個方
向走，而又在未來的能源政策討論時，應重返我們的政策假設
前提，究竟是奠基在什麼樣的後設理論基礎之上？

　　綜觀了綠色成長的各種論點之後，現在臺灣明顯還處在第三種論點，將能源產業視為一種綠色經濟 GDP 提升工具，試圖以出口來拉抬綠色成長的假象，卻未能在國內、在地處境中落實應用。欠缺重大基礎建置、政策與財政工具的配套牽引，綠色創新就形同點狀似地分頭發展，普及率過低、宣傳不佳，難以連成線與面狀的自我循環式獲利與僱用反饋系統，只能任憑高耗能產業繼續發展。所謂的綠色成長仍然以經濟成長為目標，但追求模式是發展經濟同時與環境和自然能形成循環、永續的利用。當我們一手推動安裝風能、太陽能，但另一手卻未同時達到節電或是改變產業政策，導致結果臺灣仍然是高耗能、高污染的國家，例如：我國 2011 年能源燃燒 CO_2 排放總量為 264.66 百萬公噸，佔全球排放總量的 0.84％，全球排名第 23 位，每人平均排放量為 11.31 公噸。雖然我國二氧化碳個人排放量低於韓國，但相較於兩國土地面積，我們必須消耗更高的環境成本承載。臺灣的政府必須做出明智判斷，慎思我國能源脆弱性問題，以及如何因應氣候變遷的挑戰，帶領我國邁向從價值、教育到產業根基徹底綠化的社會。

🌀 圖 2-7　本章統整簡圖
　　圖片來源：作者自繪。

參考文獻

World Bank, 2014, *State and Trends of Carbon Pricing 2014*.

Green Economy Modelling Report of South Africa.

Zysman, J. and Huberty, M., 2014, *Can Green Sustain Growth? From the Religion to the Reality of Sustainable Prosperity.* Redwood City, CA: Stanford University Press.

綠色成長指標

3
CHAPTER

促進綠色成長的政策必須建立在能夠讓公民理解的基礎上，關於綠色成長所得到的結果和相應的訊息及進度，需要有透明化的指標呈現，並同時能夠發送明確的訊息給民眾知道，這對政策執行者的公信力影響極大。綠色成長指標需要鑲嵌在整合性的概念框架下，根據選定的標準和國際上可比較的數據來運作。透過這套成為公眾溝通語言的綠色成長指標，各國政府推動綠色成長的政策設計時，可以協助提升國內企業與社會的認知、測量綠色成長的進展，以及辨識出潛在的機會與風險。

為了協助各國政府推動落實綠色成長策略，經濟合作暨發展組織（OECD）在 2011 年提出了第一套綠色成長指標，這份名為《邁向綠色成長：監測進展》（*Towards Green Growth: Monitoring Progress*）的報告，將綠色成長的主要特徵與會計基本原則加以結合。這套指標協助各國對綠色成長所涵蓋的範圍、方法論以及實務上可能的挑戰，有進一步的共識。

2014 年 OECD 將綠色成長指標做了最新修正，出版了《2014 綠色成長指標》（*Green Growth Indicators 2014*）報告，發展出新指標，特別注意到如何在考慮資源的運用、污染的產生，和自然資源使用的永續性等因素下，衡量經濟發展的調整；同時也提供評估自然資源永續性的更適切的指標。

這份最新的綠色成長指標，主要圍繞著四項主要目標（含六個重點指標），分別是：（一）建立一個低碳、高效利用資源的經濟發展模式；（二）維持自然資源的基礎；（三）同時改善

人們的生活質量；（四）實施適當的政策措施，實現經濟機會
的綠色成長。而六個重點指標，則是環繞四項主要目標，以
綠色成長為核心目標的平衡方法，分別是：1. 碳和物質生產
力、2. 環境調整的多重要素生產率、3. 自然資源指數、4. 土
地利用的變化、5. 土地利用的覆蓋，以及 6. 暴露於空氣污染
中的人口數，見圖 3-1。這些指標可以協助更積極，且持續努
力地提高能源和資源的利用效率，為了扭轉環境破壞的惡劣情
況，各國都需要通過財政、經濟、工業、農業相關部門的政策
整合，加強相關的政策治理，而透過教育增強人力資本也是一
重要的基礎方針。本章將特別側重對於綠色成長指標的概念與
重點內容加以介紹。

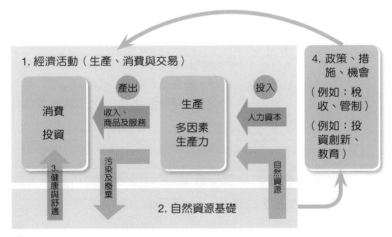

圖 3-1　綠色成長測量框架

圖片來源：作者自繪。

3/1 指標的概念框架

OECD 在 2011 年提出監測實現綠色成長的指標，並搭配綠色成長的測量框架，結合綠色成長主要特徵與會計的基本原則，以及將「壓力－狀態－回應」（Pressure-State-Response, P-S-R）模型運用在環境報告和評估上。

這個測量框架集中在經濟的生產和消費的功能，並介紹了經濟、自然資產基礎和政策行動，目的是要針對綠色成長的來源進行分析，協助有關決策者和公眾瞭解這項指標。

Box 3-1

「壓力－狀態－回應」（Pressure-State-Response, P-S-R）模型的基本概念，是來自於「人類活動對環境產生壓力，造成環境現況的改變，而社會必須有所回應；最後因人類活動改變的回饋，進而使壓力改變（減低）」，來引導人類與環境間的良好互動，並能朝向永續發展的方向。

測量框架的四項主要目標：（一）環境經濟和資源生產率；（二）自然資產基礎；（三）環境維度的生活質量；（四）經濟機會和政策對應的綠色成長。分別對應有二十五至三十個指標，由於這些指標描述關於社會經濟脈絡和成長的特色，因此這些指標也保持了一定程度的彈性，建議指標的設置既不是窮盡，也不會是最終版本，它必須一直保持足夠的靈活性，才

能適應不同的國家脈絡，與環境時間條件的改變。Box 3-3 羅列了採用綠色成長指標的各國現況。本章將根據指標的概念框架逐項加以說明。

Box 3-2 四大指標的相對應特點

1. 環境經濟和資源生產率
- 資源生產力：原料、營養和水
- 多重因素生產力

2. 自然資產基礎
- 可再生資源：水、森林和漁業
- 非再生資源：礦業資源
- 生態及生物多樣性

3. 環境維度的生活質量
- 環境健康與風險
- 環境舒適度

4. 經濟機會和政策應對的綠色成長
- 科技與創新
- 技術與訓練
- 管制與管理措施

＊社會經濟脈絡與成長特色
- 經濟結構與成長
- 生產力與貿易
- 勞力市場、教育與收入

圖片轉製：Greem Growth Indicators 2014。

Box 3-3　　各國對於綠色成長指標的運用

國家	綠色成長指標實施情況
荷蘭	2011 年以 OECD 提供的樣板，出版第一套荷蘭的綠色成長指標，詳細闡述跨層級部門的合作計畫，隨著參與的方向漸廣，財政和經濟事務、農業和創新、教育與訓練都被涵蓋其中，並且定期更新指標內容。
德國	以自身國家的經驗，測試 OECD 所提供的綠色成長指標，重新組織德國的可持續發展指標和環境會計經驗，對於一些指標定義做了調整，以二十七個指標涵蓋綠色成長的四個維度，這項工作主要是德國的統計辦公室負責。
丹麥	採用 OECD 的測量框架來發展經濟指標、氣候變遷和能源效率的政策回饋，特別注重綠色生產與環境部門，這些指標的成果出版由能源署、建築部、商業局和環境保護部共同聯合出版。
南韓	使用 OECD 框架來開發其五年計畫中的綠色成長指標，重點放在氣候和能源問題，以及未來該如何以低碳綠色成長框架來施政。而其他國家具體指標像是：能源及糧食自給率、公共運輸系統、空間綠化和企業環保認證。同時也和首爾的國立大學有相關的學術合作。

Box 3-4　　社會－經濟背景和成長特色

綠色成長指標顯示出經濟成長與環境之間的相互作用。在不同的社會經濟背景下（特別是在經濟成長、生產力和競爭力，以及勞動力市場的主要功能），對於持續創造就業機會和促進勞動力市

續上頁

場的調整,並結合人口、健康、教育和收入不平等的訊息,都十分重要。

有關「經濟背景和成長特色」的關鍵資訊包括:

★ 追蹤綠色成長政策增加後導致的影響;

★ 建立對社會問題的連結,如減少貧困、社會公平和包容;

★ 根據國家社會經濟的形勢來解讀綠色成長指標,並加入更多的細節補充。

例如,極少有工業活動對於環境影響的相關壓力數據,政府應該綜合環境和經濟技訓,在總體社會層面上建構合適的發展策略。以這些前提來補充整體經濟所忽略的環境層面;以這些前提來補充整體經濟的指標與國家產業結構資訊相當重要。

3 2 當前全球社會經濟脈絡與成長特色

本節將從目前趨勢,以及經濟成長兩個路徑探討綠色成長策略選擇。

(一) 經濟增長率的顯著差異

自 1990 年以來全球經濟成長的特色是各國間產生巨大差異。金磚六國:巴西(Brazil)、俄羅斯(Russia)、印度(India)、印尼(Indonesia)、中國(China)、南非(South Africa)或者韓國(South Korea)的產出率成長(6.2%)已經大幅領先全部 OECD 國家的平均成長(1.4%)。

（二） 產出結構的變化

在全球貿易中，國家更密切地參與在其貿易的成長上，服務產業在各國擴大了其經濟價值。1990-92 和 2008-10 年間，OECD 的服務產業佔 GDP 的份額從 66% 上升到 74%，而金磚六國則從 44% 至 51%。

（三） 在全球供應鏈上更大程度的專業化，和新興經濟體潛在的置換效應

貿易是經濟成長的主要貢獻之一。它與外商投資相關，發展國際連鎖的價值是增加和實現了更大程度的專業化，以及生產者和消費者相互聯繫的趨勢。

（四） 勞動市場、教育和健康

人口及其結構要素（年齡群組、活動人口、家庭規模等）影響生產和消費模式，對環境來說，這些都是決定性的因素。在 OECD 國家，人口逐漸老化，並且在新興經濟體，如中國亦有此擔憂。

3/3 目標一：環境經濟和資源生產力

綠色成長的核心要素在生產和消費過程中，首先，必須講求環境和資源利用的效率，並且隨著不同時間、地點與時俱進。邁向綠色成長的過程，可以透過控管，避免使用各種環境資源時所產生的破壞，例如在自然資源、材料和能源面向上做出合理的監控。

3.3.1 碳排放量及能源使用效率 —— 當今的挑戰

現今對於緩和氣候變遷的政策中，並無法阻止各國越來越工業化的世界趨勢，全球的碳排放量將很可能持續增加。為了穩定溫室氣體在大氣中的含量，各國和國際間的共同策略，顯得相當重要。

要促進全世界的經濟成長，又同時得穩定溫室氣體含量，需要跨國界的政策框架，驅使經濟結構的改變，和科學技術上的創新應用。國際生產網絡和供應鏈日益相互依存的情況下，意謂著各種努力都必須放在全球背景下，彼此擁有良好的理解，才能在全球需求／供給的體系下，一起減少排碳密集產業，只有少數國家的減排並無益於現況。

碳排放量及能源使用效率成為目前改革主要趨勢

總體能源生產效率提高，但各國間的效率比差異極大，在過去二十年來，許多 OECD 國家經濟結構上的成功轉型以及適當的能源政策，成功在能源使用上達到高效率轉換，對環境之影響降到最低；某些國家則從削減國內能源密集產業開始，逐步減少相關的污染。但這種結果依然不令人滿意，因為 OECD 國家的人民，與新興經濟體（例如：巴西、中國與印度）的人民相比，在人均能源使用量上多使用了 78%，比全世界人均使用量多了 65%。因此，各國除了在經濟結構上需要積極的轉型外，對於國民使用能源的方式，也必須有進一步的措施來降低能源使用量。

可再生能源提供 1/5 的電力，但化石燃料依然主宰了能源總量

　　能源供應結構依各國情況而不同，像產業需求、運輸、能源政策等等，都會影響一國的能源結構。OECD 國家超過 80% 仍然大量依賴化石燃料，少數國家努力發展可再生能源，但可再生能源大約只佔總供應量的 8%，其中生質能及水力發電佔了絕大比例。可再生能源所佔能源比在過去十年逐漸提高，主要歸功於國家政策支持各種形式的可可再生能源。近年來，OECD 國家與新興經濟體也都投入在可再生能源的發電形式的研發行列中。

低碳能源科技的研發停滯不前

　　能源科技的研發卻相對停滯。現在製造每單位的能源所要負擔的污染，竟然和二十年前的比例相當，在未來，這類型的科技必須要被重視且納入各國的相關政策中。

3.3.2 資源生產效率 —— 當今的挑戰

　　關於自然資源的生產效率，主要聚焦在應該如何管理自然資源，能夠在有效利用自然資源的同時又能保護到環境，避免廢棄物的產生和相關的環境影響。如果促進了能源使用的效率，某種程度上也是在減少自然資源的耗損。確保永續的自然資源管理，也需要整合各環節的生產與製造策略。

資源生產效率 —— 主要趨勢

國際間持續開發各種能源，但在 OECD 國家中卻有相對減少的趨勢，一再造成自然資源短缺的疑慮。全球對於各種資源的開採，從 1990 年代以來需求持續上升，尤其是建築材料及化石燃料，儘管自然資源的價格會根據景氣循環而漲跌，但新興經濟體對資源的需求，加速了相關資源的開採。

許多資源最後只變成廢棄物

近年來 OECD 國家盡極大努力來減少廢棄物的產生，越來越多廢棄物不再直接被丟棄到掩埋場或焚化爐，透過回收再利用，這些廢棄物重新得到價值。雖然掩埋場依然是大多數國家用來處理廢棄物的方式，OECD 國家的人民，每年平均製造530 公斤的垃圾，比 2000 年時少了 30 公斤，但卻也比 1990 年時多了 30 公斤。

回收比率在某些高價值的資源中是提高的，像是玻璃、鋼鐵、紙類及塑膠等等，但在其他部分的回收卻是相對較低的，許多有價值的資源依然被當作廢棄物丟棄，這意味著「城市礦產」（urban mines）有其潛在機會，許多廢棄的電子產品，其實夾帶著許多可回收的金屬，這也是為人忽略，但卻十分重要的回收概念之一。

Box 3-5

從生產角度觀察，許多國家看似相對或絕對地破壞環境，原因是這些國家從開發中國家進口污染嚴重或資源密集的商品與服務，來取代國內生產相關商品的環境破壞。但如此一來，全世界的污染淨值並沒有因為這樣而脫鉤。

OECD 國家的綠色成長指標著重在：

★ **碳排放及能源使用效率：**

生態系統與全球探詢還有明顯的相互作用，因此需要著重對環境使用的經濟效率，以及能源生產和消費使用的比例，並促進低碳技術和乾淨能源的開發。

★ **資源生產力：**

當自然資源被使用在生產和消費時，政策必須要能促進資源的使用效率，在各行各業和各種材料管理上都是。重要的資源和材料包括：礦產資源（金屬礦物、工業礦物和建築礦物）、生物資源（糧食、飼料和木材）、水和營養物質等等。

★ **經環境調整的多要素生產率：**

必須提供一個更完整的圖像，來說明一個經濟體利用自然資源後產出多少的污染。

其他相關的重要議題也包括：消費者行為、家戶和政府部門的消費型態以及社會反應，這些附加的指標可以做為此類型的補充。

目標二：自然資源基礎

　　人類的經濟活動絕對不能沒有自然資源，自然資源提供了像是水、土壤與空氣等等原料，人類在萃取／提煉自然原料時，多多少少都會影響到環境及生活，更有可能對未來世代造成傷害。有效率地管理和可持續性的使用，是各國經濟能否穩定成長且同時保護環境的關鍵。

Box 3-6

各國的自然資源，依照不同地理環境而有所不同，現在各國目標都是以各國經濟結構來開發資源，且必須最有效率地使用，大致上可分為四種方式：

1. 確保足夠的再生與非再生能源，能夠支撐經濟活動以及經濟成長。

2. 管理開發後所造成的影響，將對環境以及人類的傷害降到最低。

3. 避免對環境的剝削及消耗。

4. 維持大自然的非商業用途。

這些過程可以藉由控管，來達到保護環境的目的，使用綠色成長指標來反映環境受影響的程度。這些指標大致包括了：可再生自然資源的品質（像水或森林）、非再生自然資源的可近性（像礦產或石油）以及生物多樣性與生態系統。

3.4.1 水資源 —— 當今的挑戰

　　用水的效率將會是平衡供給與需求，確保可持續的水資源管理的關鍵。減少水資源的浪費，採用更高效的技術和再回收利用是解決方案的其中一部分，但其必須與使用者付費原則結合，並且採取整合式的方法來管理淡水資源，可避免過度開發造成的環境剝削問題。

水資源 —— 主要趨勢

　　水資源開發已趨穩定並在許多國家中與經濟成長脫鉤，大多數 OECD 國家在 1970 年代為了農業及能源部門需求，增加了水資源的開發，1980 年代，一些國家透過更穩定、高效率的灌溉技術，減少輸送管線間的洩漏，再加上水資源密集型產業（如採礦、鋼鐵）的沒落，在 1990 年代水資源的開發使用便趨於穩定，甚至在某些國家，利用海水淡化和中水回收來達到高效率水資源利用。根據估計，上個世紀全世界增長的用水需求是人口增長速度的兩倍以上，農業依然是水資源的最大用戶。

在地水資源的稀缺需要受到關注

　　國內的水資源分佈不均，在各國都是很平常的事，季節性或地方性的水量、經常性的乾旱，國與國之間搶奪珍貴鄰近水資源都是重大問題。大約 1/3 的 OECD 國家的水資源受到強大的環境壓力影響。

自來水價格涵蓋了更多提供水服務的成本

水資源服務所提供的價格，必須反映所涵蓋的廣泛成本，在近年來已蔚為趨勢。各國開始貫徹「使用者付費原則」，將外部污染算入自來水服務的成本中。自來水價因此而上升，帶來水資源利用的創新，與更積極地省水作為。

3.4.2 森林資源 —— 當今的挑戰

森林資源的管理是目前迫切需要解決的問題之一，其中包括森林的過度砍伐和環境破壞造成的資源危機，如何在有效的資源供應下保護森林的持續生長，同時維護社會價值，並整合環境觀點到相關政策中。UNFCCC 也有相應的機制來協助發展中國家減少對森林環境的破壞，進而減緩溫室氣體對地球造成的影響。

森林資源 —— 主要趨勢

森林面積在 OECD 國家中已趨穩定，但世界平均正在減少，世界上的森林面積分佈十分不均，森林面積最廣的前十大國家，就佔了全世界 2/3 的森林面積。在許多熱帶國家，為了增加更多的農業或放牧用地，或者單純需要砍伐木材來獲利，都造成森林資源的大量破壞。其中，經濟與生物多樣性的相關研究指出，這一類的森林破壞，牽涉到的利益每年高達 2 兆～ 5 兆美元。

3.4.3 漁業資源 —— 當今的挑戰

關於漁業，依然是聚焦在如何使漁業資源處於一個可持續利用的狀態，如何在有效的利用下，讓魚群處在可自我活化／增生的情況，並且不破壞海洋生態。這牽涉到跨國的合作和協議、限制捕魚的相關器材與手法，以及特定季節下必須遵守相關捕撈量的共識。以經濟面來說，漁場保存的相關共識不僅是對於漁業的生存，也關乎海洋生態鏈的鞏固。

漁業資源 —— 主要趨勢

平均而言，漁業捕撈量漸趨穩定，但有 30% 的漁場受到過度濫捕，全球的漁業捕撈在 1996 年時達到高峰，當年捕撈量到達 71 兆噸，接下來便持續減少，到 2011 年時降到 68 兆噸。

漁業養殖場的數量越來越多

某些國家漁業養殖場的生產量，幾乎超越捕撈的魚獲量，在許多國家已經被做為替代漁業捕撈的生產方式，在 2011 年，有大約 40% 的漁業生產是來自於養殖場。越來越多國家以養殖場做為漁業生產主力，OECD 國家生產約 9% 的養殖漁獲，其中生產國包括：韓國、日本、智利和挪威。

3.4.4 生物多樣性和生態系統（土地）──
當今的挑戰

　　土地資源在當今面臨嚴重的管理問題。土地是生態系統的根本，如何在開發需求和土地保護上取得平衡，需要全觀式地整合土地利用和國土規劃，並且與地方政策取得一致方向，利用多樣化的政策工具來達到治理目標，像是：土地所有權劃分、資產和相關稅收，還有保護區域網絡的規劃。

生物多樣性和生態系統（土地）── 主要趨勢

　　豐富生物多樣性地區在 OECD 國家中漸漸減少，然大部分 OECD 國家的森林地維持在穩定的面積，但是破碎化的林地，以及先前不當開發所造成的影響，都使得環境品質下降。而許多濕地被拿來當作農地使用，雖然這種開發行為已經越來越少，但濕地所帶來的高度生物多樣性，已經越來越被各國重視。

在歐洲，公共建設的發展造成自然環境的破碎化

　　在歐洲環境單位所調查的土地覆蓋率中，發現自然環境越來越破碎化的原因，主要是建設了越來越多的運輸設施。由於都市化的緣故，有 1.8% 的土地被各種道路或設施覆蓋，不同的土地密封程度，也將會造成不同程度上的土地功能問題和生態系統破壞。

3/5 目標三：生活的環境品質

環境是人類健康和福祉的重要決定因素。過去的經驗證明，生產和收入的成長並非表示總是伴隨著環境品質的改善。劣質的環境品質可能產生嚴重的經濟和社會後果，造成發展模式的不永續性。自然資源基礎和生態系統功能的受損，導致普遍生活品質降低。

Box 3-7　　　　生活的環境品質

環境條件影響人們生活各個方面的品質。人類由於空氣、水、有害物質和噪音的污染，影響了自身的健康，以及透過氣候變遷、水循環轉化、生物多樣性損失和自然災害的間接作用，影響生態系統的健康，及損壞人民的財產和生命。人們能受益於環境的相關服務，像是獲得乾淨的水和大自然。人類的選擇則會受到環境品質的影響。

綠色成長重要性的主要方面包括：

★ 人體暴露於污染和環境風險，對人類健康和生活品質的相關影響，以及相關的健康成本和對人力資本的影響。

★ 公眾獲得環境服務和設施，或瞭解各個不同層級和類型的群體所需要的環境服務，如潔淨的水、衛生設施、綠地和公共交通。

對這些方面的指標與訊息，可以當作補充人們對環境品質的看法。其應與生活品質和幸福感的指標同時被瞭解。

3.5.1 環境健康和風險：空氣品質

當今的挑戰

　　主要的挑戰是採取適當污染控制政策，和環境永續的交通運輸政策配合，以進一步減少當地和區域空氣污染物的排放，達到排放污染物和國內生產總值成正比的關聯脫鉤，同時透過技術創新與節能減排，降低空氣污染對於國家人民所產生的風險。

主要趨勢

　　人體暴露於懸浮微粒（PM_{10}）和一些其他空氣污染物的可能性正在逐漸下降，但臭氧、二氧化氮和細懸浮微粒（$PM_{2.5}$）是日益受到關注的主要部分。在過去的二十年，由於工業污染處理設備的改善以及一般家用能源從燃煤改為天然氣，有效地減少了懸浮微粒（PM_{10}）的吸入；但歸因於越來越多的汽車所造成的二氧化氮、細懸浮微粒（$PM_{2.5}$）和有毒空氣污染物常常超出建議的法規容許量這點，越來越受到人們關注，但污染物的程度有著區域性的差異。

（一）　環境空氣污染造成的健康危害

　　由於免疫系統較弱的關係，兒童及年長者是特別容易受到空氣污染的危險群體，估計每年造成約 370 萬人早逝。嚴重的空氣污染會影響兒童的肺部發育，長期下來甚至會使肺功能缺損；而在年長者的部分，則易引起氣管炎、咽喉炎、肺炎等呼吸道疾病，甚至是誘發高血壓、心血管、胸溢血等疾病。

另外依 WHO 在 2012 年的統計顯示，空氣污染在全世界造成了 370 萬人早逝，而其中約 88% 發生在中低收入國家，並以西太平洋及東南亞地區為最大宗。因此污染排放的減少潛藏著巨大的效益，根據 OECD 2014 年空氣污染成本的報告指出，OECD 國家在空氣污染的管制上，約需投入 1 兆 7 千億美元的費用才可以完全地避免任何人民死於空氣污染。

（二）2050 年成為與環境有關的最關鍵死因

從細懸浮微粒（PM$_{2.5}$）的衛星影像，結合人口分佈數據中得出的測量，顯示世界上大多數人口呼吸的空氣超過了世界衛生組織建議的 PM$_{2.5}$/m3 的 10 μ g 標準。在一些國家中，生活在損害健康標準的污染地區的人口比例特別高，亦包括中國和印度。

🌀 圖 3-2　為香港遭受霾害侵襲時及正常情況下之對照

圖片來源：Wikipedia 共用圖庫。

Box 3-8 定義與說明：人類暴露於空氣污染

★ **暴露於懸浮微粒（PM$_{10}$）**

懸浮微粒（particulate matter, PM）為空氣中液體及固體的混合物組成，會停留在空氣中數日或數週之久，因此可以長距離跨境傳播。因應地域的不同，其組成成分也會有所不同，概略上來說其組成的主要成分是硫酸鹽、硝酸鹽、氨、氧化鈉、黑碳、礦物粉塵和水，依顆粒大小可區分為 PM$_{10}$ 及 PM$_{2.5}$。PM$_{10}$ 能夠穿透深入呼吸道，長期下來會造成如心血管、呼吸道等的疾病，甚至是增加肺癌的罹癌風險。目前 WHO 空氣品質標準是年平均濃度每立方公尺 20 微克的懸浮微粒小於直徑 10 微米。

★ **暴露於細懸浮微粒（PM$_{2.5}$）**

PM$_{2.5}$ 由於顆粒更加細小，除了上述的患病風險外，更會在穿透呼吸道的過程中，將重金屬與具毒性的有機物質一併帶入。目前 WHO 空氣品質的指導方針是年平均濃度每立方公尺 10 微克的細懸浮微粒小於直徑 2.5 微米。

★ **暴露於污染的臭氧**

這裡所指的臭氧是「地面上」而非大氣層的。是由汽機車、溶劑、工業排放物等和揮發性有機化合物（VOC）、氮氧化物（NOx）的污染物行光化學反應形成。因此當天氣越晴朗，臭氧的污染越嚴重，對呼吸系統具刺激性，會引起咳嗽、氣喘、頭痛、疲倦及肺部之傷害。

3.5.2 環境服務和設施：污水處理

當今的挑戰

　　主要的挑戰為如何透過技術升級並投資水利基礎設施，且在農業和其他部門政策對於水質的考量，必須更系統地整合來降低污染負荷。其目的在保護和恢復地表水體和地下水水庫，以確保實現水質，並且讓公眾獲得污水處理和安全的飲用水。讓公眾獲得乾淨的水資源，則意味著以使用者付費的原則來對待所有類型的用戶，並採取由流域綜合生態系統為基礎的方法來管理淡水資源。此外，在制訂水價的同時，社會面向也需詳加考慮，例如：低收入家庭對於水費的負擔能力。

主要趨勢

（一）　廢水處理進展

　　　　OECD 各國處理層級的一些變化，將污水傳送到城市廢水處理廠的人口比例，從 1990 年代初的約 60% 上升到了今天的 75%。用於污水和廢水處理（國內生產總值高達 1%），總投資範疇和經營支出的相對份額總量，在 OECD 各國中也有很大的差異。

目標四：經濟機會和政策回應

　　各國政府在促進綠色成長過程中扮演重要的角色，藉由經濟和其他方式創造適合的條件，來實踐更環保的生產、自然資源基礎和消費。例如：鼓勵企業間合作和共創的做法，或透過開發和推廣利用新技術和創新，及增加政策的一致性。主要的挑戰是利用環保做為發展的來源、國際競爭力、貿易和就業機會。

Box 3-9	經濟機會和政策回應

企業必須採用更環保的管理方法和新的商業模式來開發和利用新技術，開展研究與試驗發展（research and development, R & D），並在促進創新中扮演關鍵的角色。企業、政府和民間社會也需在消費者做出購買選擇時，給予其減少消費對環境所帶來的影響的訊息。

經濟機會和政策回應的主要議題為：

★ 科技與創新，是發展和生產力的重要驅動力，尤其對綠色成長而言更是重要驅力。因為科技與創新擔負處置自然資源和原材料、減少環境污染的重要責任。創新可以促進新市場、有助於創造就業機會、支持朝向新管理方法的變革，並有利於採取合作的方法和知識的傳播。

★ 環境產品和服務的生產。生產環保商品與服務對於發展綠色經濟，是一個重要的契機。

續上頁

★ 投資和融資以促進吸收、傳播技術與知識，知識促進跨國交流，並有助於滿足發展及環境目標。

★ 價格、稅收和移轉，其提供了生產者和消費者重要的訊息。亦做為工具，將外部效應內化，及影響市場參與者採取更環保的行為模式。

這些指標亦可視作國際貿易的輔助指標，當作經濟契機，與綠色成長契機的來源。

3.6.1 科技與創新

當今的挑戰

主要的挑戰是強化研究、鞏固創新和科技應用於生產，以及鼓勵市場創新和消費者接受新科技。面對處理環境議題的成本，若要讓「綠色」科技商業化達到有效和長期的支持，需要政策工具和基礎建設適當的結合，例如採購、金融誘因、經濟建設、智慧財產權和自願創造。政府 R & D 預算的支持，也是減少新科技的成本，協助帶動新科技的市場競爭性。

主要趨勢

（一） 公共環境相關的 R & D 逐漸重要

公共環境的研究發展支出自 1990 年起微幅減少，但環境和政策效率的支出則逐漸增加。這反應出氣候變遷、能源價格提高和石油燃料的缺乏。

（二） **綠色專利的數量增加**

OECD 的研究表示環境政策的制定往往會帶動更多具有可預測性、靈活性和嚴謹的投資創新。從 1990 年綠色科技發展至今，大多數國家的綠色專利都有所增加，其中在 2011 年，綠色專利數量中有高達十分之一，都是與清潔能源有關的效率提升。

（三） **不同國家致力於創新的程度不同，且呈現高度的專業化**

各國的創新幅度有很大的差異，且大多數科技發展相對集中於較少的國家，呈現出專業化現象。像是創新方面最重要的領域為提升清潔能源的效率，除了美、日、德外，丹麥為申請此領域專利數最多的國家。第二個重要的領域是減排及燃油效率，主要創新者為產業結構偏向交通與汽車業的國家，如日、美、德、法。其他還有如氫氧燃料電池、碳捕獲與儲存等先進的技術減排，但大部分的專利是在於能源的生產和環境管理方面。

（四） **環境相關的創新與經濟相會合是關鍵**

重要的綠色創新可能會發生在任何經濟部門、工業或各種類型的程序上。企業創新資料顯示，最創新的企業引進系統創新、組織生產和過程創新，以及市場和流程的創新。綠色創新從而超越了技術變革和社會與組織的應用。只可惜從 OECD 現有的數據顯示，在大多數的國家中此種制度創新仍是相當的有限。

3.6.2 環境產品和服務

當今的挑戰

主要的挑戰是促進生產環境商品和服務的廣泛領域，並加強環境產品和服務部門的出口競爭力。這需要市場環境和政策框架，支持企業發展和知識轉移。

主要趨勢

（一）綠色部門成長趨緩，但佔經濟的份額越來越大

綠色部門在今日的佔有率還是相當小的。從就業人口的資料來看，從事綠色產業的人數只佔總就業人口的 0.6%，而主要生產綠色產品的公司甚至更少，但其所佔總體經濟的份額越來越大。像是在歐盟，綠色部門對於 GDP 的貢獻從 2000 年的 1.6%，在 2011 年成長至 2%。

（二）經濟的「綠色」轉型是關鍵

綠色產業在生產的過程中，無論是獨立或特定的產品與服務，都將環境因素納入整個經濟活動中，因此需要工商調查找尋其中創新機會的資訊，這對增加綠色企業數量及創造就業有所幫助。

3.6.3 國際資金流動

當今的挑戰

　　主要的挑戰是要加強運用公共資金去投資私有資金，讓其轉變為綠色成長。在政府方面，有必要改善環保部門與財政部門的交流，並協助引導預算，轉向支持綠色成長的方向。還需要進一步努力的最佳方式，就是培養企業家精神和合作夥伴關係，特別是在大型基礎設施項目。在全球層級上，國家需要有一個專責單位來評估整體改善的重點。

主要趨勢

（一）　碳交易市場的萎縮是因為金融危機和工業產值減少

　　　　碳交易市場的投資代表了國際資金的流動，是綠色成長的重要來源。自開放市場以來，歐盟排放交易機制（European Union Emission Trading Scheme, EUETS）在全球的碳交易市場蓬勃發展，並在 2009 年達到了 1,440 億美元交易額的歷史高峰；2010 年全球的碳投資則是減少了 1%，碳排放的需求配額方面則是降至 84%。

（二）　碳交易中的清潔發展機制
　　　　（**Clean Development Mechanism, CDM**）也呈現下降

　　　　清潔發展機制（CDM）存在的目的在於促進重要項目的低碳投資，像是可再生能源及工業節能等，以達成綠色成長的目的。但此一基礎項目的交易也是緊縮了，像

是佔全球 14% 碳投資（約 198 億美元）的清潔發展機制項目，其份額在面臨 2009 年和 2010 年間的金融危機後下降了 59%。

（三）**環境相關的官方援助一直持續的上升**

在經濟危機後，外商直接投資（Foreign Direct Investment, FDI）與其他私人資本對於低度開發國家的投資額下降，OECD 下屬發展援助委員會（Development Assistance Committee, DAC）的成員提供高達 95% 的全球發展援助，用意在於應對經濟危機對發展的影響，以及促進其產業能夠轉型到綠色成長的層次。像是在 2011 年 DAC 撥款了 10 億美元投入六個生物多樣性相關的援助、229 億美元用於氣候變遷的相關援助和 25 億美元用於解決沙漠化問題。

3.6.4 環境相關的稅賦和轉型挑戰

當今的挑戰

現今主要的挑戰在於提供明確、穩定和透明的市場訊號。這需要透過政策和建設來誘使創新和企業使用新科技，促進有環境效率的消費模式，同時展示明確的政策承諾以轉型到綠色成長。這也需要對於改革有害活動和生產上有所進展，例如石油，以更好的政策理解去支持活動、產品和其產生的財務轉變。

主要趨勢

環境相關的賦稅其在總稅收佔的份額和佔 GDP 的份額，相對於其他環境政策工具在過去十年內略有減少，如對於排放或科技的規範，環境相關的稅賦鼓勵低成本的污染減排，以及提供減緩各個單位污染量的誘因。也可用來產生收入，支持財政整頓和改善財政危機下的公共財政。

與環境相關的稅賦在 OECD 國家，約佔 GDP 的 2%，由於國際油價的上漲引起車用替代燃料的開發，重要徵稅產品的經濟性下降導致稅收略有下降。一些 OECD 國家紛紛推出了核燃料稅、車輛稅率的調整、碳排放量，甚至是太空旅行費用等的新環境稅，來做為整頓財政的一部分。

（一）　稅基由交通運輸和能源為主

在 OECD 地區，環境相關的稅收結構是由汽車、運輸（28%）和能源產品、車用燃料（69%）所主導。其他與環境有關的稅，如廢棄物和危險化學物質等，在量很大的情況下，具有較大的價格彈性，因此佔稅收的份額較小（3%）。

（二）　針對能源課稅是重要的環境和財政政策工具

實際的能源最終用途價格在 OECD 國家中逐漸增加，主要是因原油的價格升高，在 2008-2009 年經濟危機時短暫的下跌後，2010-2011 年價格又再度反彈。

（三） 但其使用通常缺乏連結

在 OECD 國家內和國家間，能源和碳的有效稅率並未
反映出相關的外部性。就平均而言，在碳排放的有效
稅率上，柴油比汽油少 37%，而在能源消耗上減少了
32%；在工業用途方面，對於石油產品的平均碳排放有
效稅率每噸 24 歐元、天然氣為 13 歐元，而對環境影
響較大的煤僅 5 歐元；在農業、漁業和林業所使用的燃
料通常是免稅的。

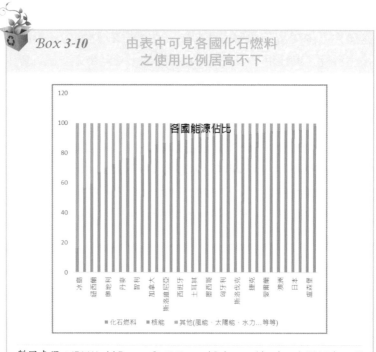

Box 3-10 由表中可見各國化石燃料
之使用比例居高不下

各國能源佔比

■化石燃料　■核能　■其他(風能、太陽能、水力...等等)

製圖來源：IEA World Energy Statistics and Balances (database), 2014, http://
dx.doi.org/10.1787/888932925274.

　　由上述可知，稅率和稅收對環境影響顯著的燃料沒訂定出太大的差異出來，因此各國應改革其能源稅收制度，更經濟、有效地實現環保目標。

表 3-1 當前綠色成長目標

當前綠色成長目標	主要趨勢
目標一： 環境經濟和 資源生產力	碳排放量及能源使用效率： • 總體能源生產效率提高，但各國間之效率比差異極大。 • 可再生能源提供 1/5 的電力，但化石燃料依然主宰了能源總量。 • 低碳能源科技的研發停滯不前。 資源生產效率： • 國際間持續開發各種能源，但 OECD 國家有相對減少的趨勢。 • 許多資源最後只變成廢棄物。
目標二： 自然資源基礎	水資源： • 水資源開發已趨穩定，並在許多國家中與經濟成長脫鉤。 • 在地水資源的稀缺需要受到關注。 • 自來水價格涵蓋了更多提供水服務的成本。 森林資源： • 森林面積在 OECD 國家中已趨穩定，但世界平均正在減少。

續上表

當前綠色成長目標	主要趨勢
	漁業資源： • 平均而言，漁業捕撈量漸趨穩定，但有 30% 的漁場受到過度濫捕。 • 漁業養殖場的數量越來越多，在某些國家其生產量幾乎超越捕撈的漁獲量。 生物多樣性和生態系統（土地）： • 豐富生物多樣性地區在 OECD 國家中漸漸減少。 • 在歐洲，公共建設的發展造成自然環境的破碎化。
目標三： 生活的環境品質	**環境健康和風險：空氣品質** • 人體暴露於懸浮微粒（PM_{10}）和一些其他空氣污染物的可能性正在逐漸下降，但臭氧、二氧化氮和細懸浮微粒（$PM_{2.5}$）日益受到關注。 • 環境空氣污染估計每年造成約 370 萬人早逝。 • 環境空氣污染可能在 2050 年成為與環境有關的最關鍵死因。 **環境服務和設施：污水處理** • 廢水處理進展，及 OECD 各國處理層級不盡相同。
目標四： 經濟機會和 政策回應	科技與創新： • 公共環境相關的 R & D 逐漸重要。 • 綠色專利的數量增加。 • 不同國家致力於創新的程度不同，且呈現高度專業化。 • 環境相關的創新與經濟相會合是關鍵。

•••

續上表

當前綠色成長目標	主要趨勢
	環境產品和服務: • 綠色部門成長趨緩,但佔經濟的份額越來越大。 • 經濟的「綠色」轉型是關鍵。 **國際資金流動:** • 碳交易市場的萎縮是因為金融危機和工業產值減少。 • 碳交易中的清潔發展機制也呈現下降。 • 環境相關的官方援助一直持續的上升。 **環境相關的稅賦和轉型挑戰:** • 環境相關的賦稅其在總稅收佔的份額和佔GDP的份額,在過去十年內略有減少。 • 稅基由交通運輸和能源為主。 • 針對能源課稅是重要的環境和財政政策工具,但其使用通常缺乏連結。

 綠色成長指標有助自然資源更加有效率嗎?

在全世界有許多地區,其能源結構仍以化石燃料佔極大比例。生產率成長緩慢,且環境壓力居高不下,而碳排放量卻繼續上升;依舊依靠消耗物質資源來支撐經濟的增長,許多有價值的材料被做為廢棄物處置。2008 年的全球金融危機帶來的衰退,稍微緩解了一些環境壓力,但隨著經濟復甦成長,環境的壓力又將會繼續加大,很快就會超過危機前的水平。

　　過去二十年，各國在碳的環境生產力、能源和材料上有長足的創新與改良，使得碳排放量和化石燃料的使用比率已經跟經濟成長率脫鉤。也就是說，經濟成長率高的國家並不一定使用特別多化石燃料，反倒是再生能源扮演了能源供給上的重要角色。不過即使在 OECD 國家中的差異性還是很大。現在，OECD 國家生產每單位的物品，所需消耗的資源已經少於 1990 年代，而回收廢棄物的政策，也開始得到回饋。

　　然而，可用來評估各國自然資產的資訊，很不易完整取得，因此，世界各地的自然資源保護也難一窺全貌。不過，大致上來說，全球漁業海洋捕撈數量已趨於穩定，森林資源的商業利用也朝向可永續發展之路，可再生的淡水資源使用儘管需求不斷增加，也還算保持穩定。

3.7.1　自然資源對公民幸福的影響

　　總體而言，由於保有豐富生物多樣性的地區正在減少，許多生態系也跟著退化，自然資源保護的挑戰依然存在。在高人口密度的國家中，由於要使用較多的土地，擴大生活區域的影響，使自然棲息地的日益分散，對生物多樣性的威脅自然也特別高。許多動物和植物瀕臨絕種，世界上三分之一的漁場有過度捕撈的可能，森林被改做其他土地用途。有些地區因為水資源的短缺，經濟活動因而受限。

圖 3-3　注重國民幸福指數的不丹，到 2020 年全部土地都成為有
機的，50%-80% 都是森林

圖片來源：https://commons.wikimedia.org/wiki/File:Himalayan_Landscape
.jpg。

圖 3-4　濫墾的結果很可能帶來更大的環境危機

圖片來源：http://l8m93qk9td2ucuq2-zippykid.netdna-ssl.com/wp-content/
uploads/2014/02/10094847976_c27dce86bf_h.jpg。

絕大多數 OECD 國家的公民，皆大大受益於自然資源效率提升所帶來的好處。改善的衛生設施，暴露於空氣污染的比率也在下降，但在同一時間，地面臭氧、氮氧化物和懸浮粒子持續影響人體健康。根據 OECD 國家的成本估算顯示，污染減排有相當大的效益。不過，要達到提升自然資源效率的挑戰依舊存在，政府必須痛定思痛地去關切升級老化的污水處理系統，藉由局部的設計調整達到有效率的改善。

🍃 圖 3-5　高雄氣爆後，政府更該審慎思考城市的規劃邏輯

圖片來源：Wikipedia 共用圖庫。

3.7.2　綠色成長有助於創造經濟機會嗎？

雖然許多國家都致力於透過鼓勵技術創新來支持綠色成長的政策，同時運用經濟手段來促進投資。然而，在就業和競爭力方面，因綠色成長政策而增加的比例卻依然稀少。這些推動綠色成長的難題包括：

綠色成長旨在帶動並形成能永續反饋的動態過程，難以用統計數據呈現。許多測量的指標一直專注於「綠色活動」，而不是「綠色轉型」經濟和全球供應鏈。

致力於環境和能源效率方面的公共研發支出，做為具有「綠色」專利份額，近年來皆有所提高。課徵環保相關稅費後，對於環保政策確實有其幫助，但與其他稅收相比仍然有限。

仍然有許多發展政策缺乏連貫性，從而破壞綠色成長的基礎。像是部分國家持續支持化石燃料生產，而且鼓勵各種方面的消費。和時高時低的能源稅率相比，較低的化石燃料稅對環境勢必造成影響，也難以轉型到低碳經濟。

僅管如此，綠色成長仍然在國際間被看好為下一世代的重要趨勢。主要原因：國際上的資金流動，仍然促進綠色成長持續發展；再加上金融危機，導致碳交易市場萎縮，便出現了新的經濟機會 —— 乾淨能源的研發。目前國際投資在相關方面的比例，已經漸漸超越投資在化石燃料的技術方面；新的經濟機會也出現在金融機構發行綠色債券和出口信貸機構，來促進相關項目的私人投資以及進行環境影響評估；以環境為目的之國際發展援助，也有持續上漲的趨勢，其中大多都投資在可再生能源的項目上。綠色成長也為各國政府提供了重要的國家轉型機會，創造更多的稅收收入，同時並兼顧在經濟上有效實現環境友善的目標。

參考文獻

OECD, 2014, *Green Growth Indicators 2014*.

延伸閱讀

OECD, http://www.oecdchina.org/index.html.

帶動
綠色成長的創新

4

CHAPTER

未來經濟成長的方式，日益關注於可持續支撐經濟成長的綠色模式。綠色成長是指在促進經濟成長和發展之餘，同時確保大自然能繼續提供我們所仰賴的資源及幸福。現有生產技術和消費行為只能在一定程度內產生積極的結果；超過某一程度，消耗自然資本，將對整體產生負面的影響。但是，創新可以幫助自然資本消耗與經濟成長脫鉤。創新與創造性破壞將導致新的想法、新型的創業家和新的商業模式，有利於建立新的市場，並最終創造新的就業機會。因此，創新是實現綠色成長的關鍵。

商業活動、政府作為與綠色創新

商業活動會驅動創新，亦包括綠色創新。政府的作為與政策環境對形塑鼓勵綠創新的環境是必須的。例如：智慧電網（smart grid）和電動車充電站等新興基礎建設網絡的建立，對於低碳能源的供給相當重要。但是因為基礎建設的初期投資沉沒成本相當高，而成效卻很有限，這些建置若無制度性力量的引導與協助，很難單靠市場力量來建置。

由幾類市場失靈的案例，正可說明政策於促進綠色創新的重要性。第一類是與環境負外部性（negative externalities associated with environmental challenges）有關。如果企業和股東沒有對他們造成的環境破壞支付成本，那他們將不會有動力投資於綠色創新。第二，市場失靈導致無法市場創新，特別是企業無法從他們的投資得到適當的回報，通常會導致投資不

足。第三，市場對綠色創新有具體障礙，特別是主導能源和運
輸市場的設計、技術和系統的流行。這些企業可以創造新技術
競爭者的進入障礙，例如開發新基礎設施的高成本。

Box 4-1　　　綠色成長的主要來源

★ **信心。**政府對於重大的環境議題，如何透過增加可預測性與
　穩定性，來提升綠色成長的投資者之信心。

★ **穩定性。**以更平衡的總體經濟條件來降低資源價格的波動，
　並透過配套的財政整頓，例如，審查公共建設開支的構成和
　效率，及藉由對環境污染的收費增加國庫收入，也可以減少
　環境負面衝擊的風險，促進改革。

★ **資源短缺。**資源短缺會導致投資成本上升，如同在水資源供
　應短缺或質量下降時，相對的，某些基礎建設需要龐大的資
　本支出（如海水淡化設備），勢必會導致投資成本上升。對
　自然造成的傷害也可能會超過經濟活動所產生的收益，破壞
　未來成長的能力。

　自然生態系統的**失衡**也引起更深層、突然的嚴重損害，並且
　可能是不可逆轉的風險影響 ── 如同顯現在有增無減的氣候
　變遷下，魚群總類及生物多樣性的逐漸缺乏。對於氣候變
　遷、全球的氮合化物循環及生物多樣性的喪失，都已超過了
　地球所能負荷的臨界點。

資料來源：OECD（2011a，轉引自 OECD, 2011:18）。

Box 4-2 　　　　　　綠色商業模式

北歐部長理事會對「綠色商業模式」的定義為「支持生產產品和服務（系統）的同時，兼顧環境效益的經營模式，減少對資源的使用及浪費，同時是符合經濟效應的」。以下就五種類型的商業模式進行分別探究：

★ **銷售功能**：商人販售的，應該是產品的功能或其所帶來的效果，而非單就其本身。這樣的商業模式結構提供了激勵機制，促使企業優化及維護產品，以確保產品的生命週期成本，並減少對整體環境的影響。

★ **節能公司（Energy Saving Company, ESCO）**：這類型的公司提供企業和公共設施節能解決方案，如汽電共生設備（Combined Heat and Power, CHP），這種節能的方法是由設備本身得到的，並不需再加裝其他設備。由於客戶不需預先支付費用，使得推展這些大型的節能設備得到了更多的支持。

★ **化學製品管理服務（Chemical Management Services, CMS）**：這一類型的公司提供客戶如何長期供應及管理化學製品和相關服務的策略。化學製品管理服務提供者的報酬通常是顧客某種形式的產出（如彩繪車門）。給予供應商一些誘因去減少化學品的使用。

★ **設計、建造、融資及營運（Design, Build, Finance and Operate, DBFO）**：這個商業模式涉及許多長期建設、維護和營運的合約（通常為二十到三十年），如道路工程、建築物建設等。可以激勵他們提升工程的品質，降低生命週期成本。

★ **分享**：相對於個人擁有而言，這種產品是被許多有需要的用戶共同分享。這種模式所獲取的經濟效益會比其他商業模式來的少，但產品的共享或許可為新產品的上市預先鋪路。

資料來源：FORA（2010，**轉引自** OECD, 2011: 41）。

因此根據經濟合作暨發展組織 2010 年的創新策略，認為創新商業活動的發展與政府的作為息息相關。政府釋出綠色創新需要的政策措施，將可為創新政策建立總體框架。而對於環環相扣的綠色成長供應鏈系統的建立，這樣的政策策略尤其重要。

 ## 國家政策領域對於綠色創新有什麼幫助？

4.2.1 明確且穩定的市場訊號

首先，促進綠色創新需要明確且穩定的市場訊號，例如碳定價或其他市場機制的手段，來解決與環境挑戰相關的外部性。這樣的訊號亦會加強激勵企業和家庭接受，並進而發展綠色創新。市場機制將會通過建立綠色創新的市場，來提高資源配置上的效率，並降低其成本對環境帶來的挑戰。定價機制會提供進一步的提高效率和創新，驅使最大限度地減少實現既定目標的相關成本。這樣的訊號十分重要，因為它們亦表明了政府將邁向更高程度綠色成長的發展決心。

然而，針對碳定價的優惠已無法幫助綠色創新。最近的經驗發現，碳定價固然有助於增加使用資源的效率及綠色創新，但也可能會導致資源消耗增長，大眾運輸系統即為一例。因此還需要其他相關政策來輔助及加強綠色創新。

Box 4-3 　　　　經濟部推動的綠色貿易

經濟部為臺灣廠商提供相關綠色貿易的完整方案，也同時為國際買家提供適合的臺灣供應商與產品。經濟部綠色貿易資訊網，網址：http://www.greentrade.org.tw/aboutus/targets。

廠商／產業輔導	➡	提供廠商諮詢輔導、協助企業進行碳足跡揭露、舉辦國際商機會議、協助廠商符合國際規範。
專業教育訓練	➡	提供策略建議及各國貿易新知、培養綠色貿易專業人才、舉辦國際論壇或研討會、交流最新資訊、提供雲端學習服務。
多元行銷推廣	➡	協助宣傳臺灣綠色商品、協助廠商進行貿易洽談、協助廠商海外參展與通路拓寬、舉辦綠色典範獎，找出臺灣綠色商品亮點。

4.2.2 公部門對綠色創新研究的投入

對於基礎且長期研究的投資，是政府十分重要的政策行動，公部門對綠色創新研究投入的重要性在於：可承受私部門無法承擔的風險，此外，因這種研究具備公共財之特性，故不應由私部門負擔。一來有助於解決許多基礎的科學挑戰；二來能同時精進技術，諸如那些被私部門認定風險太大、不確定性高或需要花費長時間孕育的技術。且公部門的研究方向足以涵蓋許多領域，諸如：氣候變遷的因應及緩解、立足於更多類型的學科和跨學科的合作方法。研究也應該對於特定技術保持中

立的立場，因創新很可能會出現在任何廣泛的領域之中。

公部門的研究投資需要精心設計，才能與私部門研究投資接軌配合，並針對其相關科學的成就和在哪些領域最能夠回饋社會，及何者為最具潛力的溢出效應。

至於有關綠色創新的探索性研究，則必須聚焦於有前瞻性的創新 — 尤其是存在高風險和不確定性的創新 — 應與資金相結合。致力於有前瞻性的創新研究，可降低達到預設環境目標的代價，使得公部門投資能對於全球的需求發揮更大的效應。

然而，政府亦可提出有別於現有的研究結構更大的發展方向，如以某些特定主題優先及以任務為導向的研究方案，用來應對這些挑戰，即使無法具體指明研究必要的性質也無妨。此外，政府也可以採取積極行動，將研究轉化為創新，如在過程加強科學和商業之間的聯繫。而為了使研究成果可落實政策的承諾，這樣的研究應該是穩定且存在較長的一段時間。且在投入綠色創新研究的同時，亦能透過加強國際間的合作獲益，將有助於分擔公共投資的成本，還有助於改善知識的獲取和促進各國之間的技術轉移，皆是公共投資的重要性。有一關鍵要素為需要針對發展中國家研究，以符合當地需求，因為這些國家往往缺乏採用綠色技術和藉此調整本國需求的能力，卻又同時面臨最嚴峻的環境挑戰。故需反思針對這些國家從事研究的可能，比如：包含更充分協調配合的行動，和官方發展援助組織（ODA）的資金輔助及相關的科學和技術合作。增加發展中國家的吸收能力，應是廣泛的綠色成長策略目標中不可忽視的一部分。

Box 4-4　　綠色投資（Green Investment, GI）

近年來，各國綠色投資的數額都逐漸增加，**彭博新經濟商業**（**Bloomberg New Energy Finance**）估計，在 2000 年到 2010 年這十年間，綠色投資增長了二十倍之多，從 70 億成長到 1,540 億，其中包括了公共與私部門支出。主要的驅動因素包括：全球經濟增長、化石燃料價格持續提升、技術進步、政策支持以及人民對環境保護的意識普遍提升。

其中，前三名的美國、中國與南韓便分別佔了 650 億、460 億與 320 億之多。

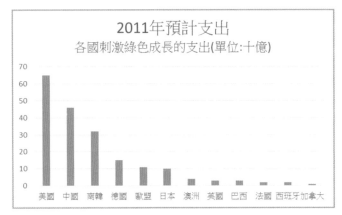

2011年預計支出
各國刺激綠色成長的支出(單位:十億)

圖 4-1　世界各國刺激綠色成長的支出

資料來源：Bloomberg New Energy Finance。

研究發現綠色投資已然成為世界趨勢，最近幾年各國投資量也出現戲劇性的變化，以中國為首的亞洲，在綠色投資上愈加積極，金額已然超過歐盟投資的總和，這種轉變也間接證實了區域間宏觀經濟上的表現差異。

資料來源：Luc Eyraud, Changchang Zhang, Abdoul Aziz Wane & Benedict J. Clements（2011）。

Box 4-5 陽光屋頂百萬座

圖 4-2 臺北市自來水事業處陽光屋頂展示區

圖片來源：http://mrpv.org.tw/qa/?class_slug=26da1c16

「陽光屋頂百萬座計畫」在臺灣經濟部能源局的規劃下，預計於 2030 年推廣太陽光電發電系統設置容量達到 6,200MW，其目標在於建立我國太陽光電設置應用完善環境，積極推動太陽光電發電系統。

這項計畫推動策略採「逐步擴大、先屋頂後地面」，以穩健成長、負責任的態度來帶領國內太陽光電能源永續發展。這項計畫，在 2012 年規劃設置目標為 100MW；2013 年原訂目標 130 MW 因國內太陽光電安裝需求旺盛，設置目標上調至 175MW；2014 年設置目標逐步提升至 210MW，以鼓勵屋頂型太陽光電系統為主；預定 2015 年完成 847MW；2020 年達到 2,120MW 的太陽光電發電系統設置；2030 年臺灣太陽光電發電設置容量目標 6,200MW，以建立國內設置實績，達成產業、環境等多重效益。

續上頁

結合地方政府與鄉（鎮、市）、區公所合力推展，2012 年 12 月 28 日公告發佈「經濟部太陽光電發電設備競標作業要點」放寬地方政府出租所屬建物屋頂免競標（單一年度累計核可 3MW 以內），針對有意推動太陽光電之地方政府，經濟部規劃補助直轄市及縣（市）政府其推廣作業經費，有效整合在地資源共同推廣設置太陽光電系統。

推動陽光社區設置

經濟部能源局為了達到普及化設置，於 2013 年 3 月 5 日啟動「陽光社區補助要點」，藉由補助設置者線路費用與縣市政府推廣費用，推動太陽光電陽光社區建置，塑造太陽光電輔助供電之群聚應用示範。

「陽光屋頂百萬座」政策，意味著臺灣將正式邁入全體綠色節能新世紀。幸福臺灣，唯有透過您我共同努力，才能打造綠能低碳環境。

目前成效

1. 太陽光電發電量：2013 年估計發電量達 337,854 千度，2014 年截至 6 月總計達 234,994 千度的發電量，但並非每個月呈現穩定成長。

2. 太陽光電裝置量：2013 年底抵達到 392.0MWp，2014 年 6 月達 426.0MWp，2030 年期望累積目標為 3,100MWp，但每個月皆以 1-3MWp 的速度成長，則略顯不足。臺灣太陽能面板產值居全球第二，但迄今太陽能發電量不及總電量千分之 1.5，輸給高緯度、低日照的德、法、日、韓等國。

資料來源：
1. 陽光屋頂百萬座，http://www.mrpv.org.tw/about.php。
2. 經濟部能源局（2016）。

4.2.3 政策性的行動

另一項重要政策行動，為推動綠色創新的干預措施，去克服與綠色創新相關的特殊市場失靈，尤其是對於那些在既定架構中佔有優勢地位的科技、系統及公司。關鍵的政策包括：

支持私部門投入綠色創新

特別是研發，並將綠色創新商業化。當綠色創新面對市場機制時，不可避免的會面臨一些額外的阻礙，比如：相關用電的問題。此外，提供具特定且針對性的支持是有風險的，因其可能會存在對於相關訊息和未來商業潛力的認知缺乏，進而產生誤判的問題。良好的政策設計需要確保在具競爭性的選拔過程中，注重實質表現，而非特定的技術，避免偏袒現有結構或提供遊說的機會，確保對政策相關影響進行嚴格的評估，並控制成本。

透過已驗證過的辦法，對行之有年的款項使用進行審視，確保決定經費分配機關的中立性。評估把關工作應伴隨著清楚的落日條款及相關淘汰時程，僅採用同行相互評議監督，且對計畫選擇的競爭程序有一套明確標準，對商業化的支持僅是暫時性的。這種策略還需要配合國家對研發相關替代技術和正在發展的市場結構；國家亦不該在以往的技術還未發展到成熟狀態前提供支持。政府的扶持政策也需與現有的國際承諾相一致，特別是不違背 WTO 中的自由競爭政策。

支持體現整體目標的技術創新

因對特定創新目標的補助，使得政府得以自由挑選能夠得到補助的企業。若就一般基礎建設或替代技術的基本條件，予以技術中立支持則為較佳方式。例如：儲存技術為眾多不同技術交織而成；或者如資訊和通訊技術（ICT）等的基本技術，需要被更廣泛的應用。資訊和通訊技術是全球適應環境影響，以及因應難以避免的氣候變遷衝擊之重要緩衝關鍵。資訊通訊技術提高了整個經濟圈的效率，且在智慧網絡的搭配下，也提供進一步綠色創新的空間。此外，生物技術，特別是工業生物技術，扮演了提供環境功效的重要作用。奈米技術亦提供了廣大的環境效益，讓潛在的安全問題得以解決。

培養並提升具創新性的公司

創新的企業挑戰了現有的企業和商業模式，更對激發綠色創新具有重要的作用。政策需要創造授予新公司進入、退場及發展的空間，同時確保公平的競爭和融資管道的暢通。

促進中小型企業綠色成長的變革

由於中小企業的創新能力較為薄弱，國家政策有助於改善融資管道，使中小型的企業能參與知識網絡、強化技能，並可致其創新，亦減少政府對企業的管控負擔。開放對中小企業的（綠色）公共採購，也可能有助於加強這些企業的綠色創新。

Box 4-6 促進綠色變革 ——
以資訊和通訊技術（ICT）的經驗為例

綠色技術和創新概念需要普及於全社會，才能加速經濟大幅成長
和創造新的公司、職位和行業。在過去幾十年來的案例中，就是
資訊和通訊技術的迅速普及，其常被視為觸發了新的技術革命，
同時提高生產率和增加就業機會。這種實際的技術案例，更容易
理解綠色技術對經濟所帶來的影響，以及綠色技術為有效大幅提
升經濟績效的條件。以資訊和通訊技術的相關經驗探討如下：

首先，從 ICT 所帶來的經濟迅速增長（並保持），其一主要的因
素是資訊和通訊技術的價格迅速下降。以美國電腦製造業的生產
者物價指數為例，在 1991 年 1 月到 2011 年 1 月之間，每年下
降約 14%。此價格的快速下降使資訊和通訊以非常低的成本被使
用，隨後提高了經濟表現。而綠色技術還沒有經歷過如此大規模
的價格下降，所以未來綠色技術能帶來的影響程度還有賴於其價
格下降幅度。

其次，鑒於 ICT 的經驗發現，許多新技術帶來的影響和創造的就
業機會，並非是出現在技術的生產或製造過程中，而是當它被整
個經濟體所應用之時。雖然有部分國家是從 ICT 的生產部門中獲
益，但 ICT 在整個經濟體應用的過程中獲利最大的應為服務業。
這個現象提供了一個綠色革命的藍圖，表示經濟成長或許是起因
綠色技術的應用與推廣，且包括相關的服務，而非從技術密集的
生產中獲得。

第三，ICT 帶來的影響除了倚賴勞動實踐、技能和組織，勞動力
及生產市場的靈活性亦帶來很大程度的輔佐。如果上述論述無
誤，即表明，綠色創新可能在運作良好的產品和勞動力市場經濟
中產生正面影響。

續上頁

第四，伴隨著 ICT 的經驗顯示，技術最終的應用方式和用途所帶來之成效，幾乎不可能用來百分百預測其將會成長抑或衰弱。許多 ICT 產業的先驅者，很多都是過去幾十年才崛起的產業、新品牌，這些推陳出新的科技創新在相關領域中未來的發展，目前還難以預測其變化。

資料來源：OECD（2003, 2004，轉引自 OECD, 2011: 22）。

4.2.4 建立新的綠色市場

促進綠色創新的政策，不僅要注重創造與供應新技術及創新，亦需要幫助綠色創新在市場中立足與推廣，相關的政策彌補行動如下：

培養並廣為推行綠色創新的相關概念

為了促進國家內部綠色創新的廣泛推展，需要改善知識與技術的傳播方法。這種方法需要基於對智慧財產權（Intellectual Property Rights, IPR）保護和正當執法，建立對於智慧財產權的保護和推行，提供誘因來保持良好創新投資系統的運作。為了加快創新的推廣，目前正在發展提高技術轉移給發展中國家的新機制，例如自願專利的合作和利用其他網路通訊的協作機制。雖說已存在些許有效的做法，但仍需繼續擴大發展。

使綠色創新的概念在市場中更鞏固

除了需要碳定價機制和處理環境外部性等問題，關於需求方面的創新，由於可加強鞏固市場中的綠色創新，亦是促進綠色創新政策中的重要部分。標準化且設計完善的法規，搭配對於創新設計的採購，比方說，可以鼓勵綠色創新與公宅或住宅市場有效的結合。但值得注意的是這樣的政策需要經過精心的設計，以確保政策的支持不致扭曲市場的形成，並確保競爭政策和國際承諾完全一致。

4/3 綠色成長與綠色供應鏈
(Green Supply Chain Management, GSCM)

隨著消費者及社區環境意識的提升，加上政府相關的環境管制政策，綠色創新搭配綠色供應鏈的概念越來越盛行，策略性地應用綠色成長手段來研發、製造綠色產品（green product）。

綠色供應鏈的概念，是為了減少生產環節中對環境的影響，進而從資源優化的角度，來檢討整個供應鏈對於環境的破壞。換句話說，從產品的原料選擇開始，便進行一連串的追蹤與控制，使產品在研發製造階段，能夠將其對環境的影響降到最低，簡言之，便是以最少的能源、最綠色的材料，製造出最環保的產品。

　　運用綠色供應鏈概念生產商品的公司，雖然製造成本會相對提高，但另一方面，卻能獲得官方或跨國組織的認證標章，進而提升公司信譽，並且盡到相關的社會責任。以歐盟為例，歐盟國家便看準綠色供應鏈間互相扣連的關係，積極將過去僅道德勸說的綠色製程概念，轉而以漸進但強制的法令來與廠商約法三章，希望帶動全世界製造業進入對環境更友善的階段。

Box 4-7　　　　　今日的創新

當試圖探索綠色成長創新的作用，以及政策在促進創新中之效用時，需要對於創新的特性及過程深入瞭解。將思想的轉換和創造轉化為創新所需要的行動，包括組織變革、企業層面的培訓、測試、行銷和設計。

首先，今天的創新已經很少是從基礎研究開始，而是呈現直線性過程，透過更多的應用研究闡述，逐漸發展並最終呈現在工業產品和應用上。相反的，創新是一個高度互動的過程，其中來自任何方向的想法，都可能導致創新。也就是說，科學不斷為創新提供必要的基礎。從電晶體到網路搜尋引擎的現代，創新都是提取自科學知識。而最根源的科學研究往往掌握在公部門手上，明顯呈現在高等教育和國家研究機構。

第二，如同上面所討論過的，創新很少發生在與外界隔離的狀態之下。而是一個高度互動的過程，涉及公司、知識合作夥伴和用戶之間的緊密合作。透過合作夥伴關係及協作，企業希望能跟上新想法和客戶需求的發展，進而延伸自己市場的範圍，藉此獲得接近更多新創意和新科技的機會，並領先他們的競爭對手，將新的產品或服務推向市場。

續上頁

第三，創新是由需求和供給因素相結合所產生的影響。它不只是培育新的知識和技術變革的產生，一方面也是確保這些知識反映了社會的需求和要求。在企業創新的過程中，為了使商品能夠瞭解和滿足消費者的需求，用戶和消費者發揮越來越大的作用。企業認識到這一點，以此來探索存在較低風險、具更大靈活性的成長機會，而不必負擔昂貴的費用。因此，政策需要結合「推」和「拉」的元素。

第四，創新往往需要一系列配套的改變和公司投資，包括組織變革、企業層面的培訓、測試、營銷和設計。一些公司給市場帶來的是新產品與服務，但缺乏研究與開發，這顯示出今日的創新遠比科學的範圍還大。創新在商業模式中是重要的領航者，尤其是價值的創造。此外，綠色創新包括了非科技性的變革，如組織的、流動的形式、都市計畫，這些在環境的結果中都扮演重要的角色。

最後，對於創新做為手段，用來解決眾多的社會挑戰之期望是不斷增加的，如氣候變化和全球貧困這類緊迫的全球性挑戰。政策制定者越來越需要提高和加速創新，來制定相關政策，解決嚴峻挑戰，並改善社會福利。

Box 4-8 開放式永續創新（Open Sustainability Innovation）

此概念主要是利用開放式的創新模式來發展可持續利用之產品、服務及倡議。這種方法雖然不是以銷售為出發點，但對於公司的市場行銷依然有利，其提供給消費者先前無法得知的商業訊息，因此得以創造更多長期對話關係的基礎。企業也能藉此獲得以客戶信任為利基的競爭優勢，開創的關鍵便在於適度地將消費者的想法融入創新過程，透過雙向的知識結合達到可持續發展創新的目標。

綠色創新與消費者

消費者在促進及採取綠色創新作為的部分亦扮演要角。對於環境資源的使用者付費概念，已被證實是左右消費者和家庭做出消費決定的一大驅力。但消費者往往較重視短期的代價，而沒有充分考慮長期的因素。所以表示對消費者而言，商品的價錢因素甚至比耐用程度更能影響消費選擇。對於「軟」工具的使用，需要更密切關注那些影響個人和家庭的消費行為。當然也必須包括消費的政策和消費者再教育，以及加強商品的綠色標籤和相關認證。

Box 4-9 　　　　美國 O'power 電力公司

O'power 公司致力於為客戶提供家庭能源管理 SaaS（軟體即服務，Software as a Service）解決方案。近年來，節能環保越來越被重視和提倡，已經形成了一門專業為「家庭能源管理系統」，該系統專門負責管理家庭用電設備的用電情況，甚至也包括發電設備的發電情況。

現實生活中，當拿到信用卡帳單的時候，可以透過網絡查看各部分支出比例，來調整下一次消費行為。但拿到電費帳單的時候，我們無法知道這個月各個電器用了多少電？跟上個月比有哪些超出？如何調整以節約用電？位於美國弗吉尼亞州的 O'power 就是這樣一家提供家庭能源管理服務的領先創新企業，使命是幫助全國各地的公用事業公司降低人們的能源使用量。

O'power 公司提供一般家庭可以上網瞭解自己的能源使用情況，設定每個月的使用標準並在接近目標時發出預警，以免收到一張

續上頁

難以接受的電費通知單。透過提供工具和訊息，激勵消費者對他們的能源使用做出更明智的決策。O'power 的帳單中也可顯示用戶與其左鄰右舍間用量的對比報告、提供節能的小祕訣。所有數據使用圖形設計，使帳單更容易理解。

O'power 公司成立於 2007 年，現在已經有超過七十五家能源公司以及跨越六個國家和地區共 1,500 萬的家庭用戶。2011 年被評為美國最具潛力的新興企業之一，並打入加拿大市場。

資料來源：全球網站庫，http://cht.0430.com/us/web25603/。

Box 4-10 **綠色消費查核表：我是綠色消費者嗎？**

我們平常的消費習慣，跟綠色成長有關嗎？在揮霍的時代，歡愉背後的代價又是什麼？還是我們正被什麼洗腦著呢？透過以下簡單的查核表自我檢視吧！

1. 是否常重複性購買，如已擁有的東西，卻還是購買。
2. 是否常購買一次性商品，用過即丟。
3. 是否常購買新商品，如新發表的手機。
4. 是否容易被優惠組合吸引，而購買（或索取）不必要的東西。
5. 是否從事消費，才能快樂。

若上述行為都符合的話，就傾向具有製造浪費的消費習慣，要達到綠色消費，先從停止製造浪費的消費開始吧！

資料來源：The Waste Maker（Packard, V., 2011）。

4/5 邁向綠色創新

　　創新的時機點，可能會促成技術優點的突顯或再創造新技術。例如，當一個技術具有十分明顯的短期優點，卻可能會變得過於主導和「排除」其它技術。即使是被「採納」且具備長期利益的技術，最終會導致較低的整體社會利益，亦可能會在過程中被排除。另一方面來說，這種「採納」也可能再進而刺激未來的創新。譬如，若政策只重視當前可用的技術應用，忽視激勵投資於研發和努力開發其餘的創新，市場未來的創新必定會減少。

　　政策需要考慮時間架構、相關獲益及風險。但是有很多創新已經可以以商業流通的方式立即推廣，不太需要政策行動，便可有效落實改善環保，存在著雙贏的可能性。也有一些正在發展中的相關技術，還在示範或預示的階段，或是部分技術需要放諸更長期間的研究開發才能產出。對於發展、形塑市場的政策在不同時間及框架下會產生不同影響，相對的，政策的成果也不盡相同。

　　沒有簡化的答案得以回答綠色成長這個問題。僅能提供政策和相關技術去引導，推延對環境有害及不可逆的投資，維護能夠培育新技術和創新的空間，加上對於新技術的推廣和創新，提供不同的視野，使資方在短期與長期發展中做出正確的選擇與權衡，亦能左右其最終投資的決定。

Box 4-11　　綠色創新小例子：這裡有車位

在停車場裡尋找車位不但耗時間，且若尋找車位的車輛一多，也連帶的會影響行駛動線，同時不斷消耗汽油。南韓最大石油供應商之一的 S-Oil 估計，首爾的駕駛人平均每個月消耗約 1 公升的汽油在停車場裡找車位。為了使駕駛更快找到車位，及改善資源的耗損，廣告公司 Cheil 為 S-Oil 設計了一款名為 Here 的氣球（如下圖），這個箭頭形狀的氣球以繩子固定在每個停車格裡，當車輛停進車格後便會壓到線，連帶將箭頭氣球往下拉至車輛後方；而當車輛駛出，氣球又會再次升起。駕駛們進入停車場後，很快便能看見半空中鮮豔的黃色箭頭汽球，就可以清楚知道哪裡還有空位了。

🌱 圖 4-3　這裡有車位！
　　　　（圖片擷自 Cheil-S Oil HERE balloon 影片）

資料來源：https://www.youtube.com/watch?v=nw9g9OVHdJI。

參考文獻

UNEP, 2012, *Green Economy and Trade Opportunities*.

OECD, 2011, *Fostering Innovation for Green Growth*.

綠色成長的目的及國家發展計畫

5／1 國家治理能力是綠色成長的基礎

　　政府的制度與治理能力，對於執行廣泛的綠色成長政策改革計畫，是一個重要條件，政府必須要有能力將綠色成長的目標，有效整合到經濟政策及發展計畫中。發展這種治理能力是當今各國熱切關注的議題，不論是 OECD 國家或是發展中國家都在致力於充實本身的治理能力，這個議題並不只侷限於正式的國家層級的規劃過程，例如國家計畫或脫貧政策，此議題更是延伸到國家財政管理（特別是預算），其關注的不只是政策實施的優先性，更是政府重大方案的選擇和設計，以及公共投資和經濟活動的管制。

　　對於某些國家來說，綠色成長目標的主要特色乃是充實國家的治理能力、管理自然資源以及強化政策的實行。在出口自然資源時，反對環境開發的聲浪，通常都來自於外部壓力，但這同時也肇因於國家治理能力太弱以及對自然資源幾乎不設限的開發法規。要強化治理能力未必得遵循由上而下的模式，制定尊敬正式和非正式資源使用者權力的政策，可以增強資源治理機制，在這樣的脈絡下，管理共享的自然資源，便是一種全體利害關係人的集體行動以及合作。

　　國家要提升綠色成長政策能力，應該採取一種橫跨政府層級的「國土系統方法」（country system approach），但如果財政部和經濟部沒有扮演領導的角色，這個願景將幾乎無法達成。當為了綠色成長目標推動政策時，政策或許會處於環境保

護的立場，但綠色成長議題並不只侷限於環境政策，政府必須全面性地制定中央政策，將綠色成長結合在核心的經濟政策、財政和各個部門，同時在私部門的非政府行動者和公民社會也一樣至關重要。

Box 5-1 國土系統方法

藉由資料庫整合的方式，將許多原先分散在各部門的資料，藉此流通並綜合應用，達到資料共享與多功能統合的目的，做為國家整體決策過程中之重要參考。

綠色成長的目標不能僅依賴於中央政府的制度，橫跨全國層級且有效率的治理將會是關鍵，各個都市的自發性倡議行動同時影響整個經濟的財政走向以及國家不同部門的政策（特別是交通、建築、勞工、創新及教育政策）。曾經有國家層級政策與地方政策互相衝突的情況，肇因是資訊的缺乏和極具爭議性的法規，同樣地，地區性的倡議若聚焦在不考慮是否符合國家政策架構的獨立計畫或是旗艦計畫，也會較不在乎。

此外，為了引導更多投資與創新一些關鍵領域，例如水利或者公衛系統，多層次的治理將會十分重要。改變傳統的成本效益分析方法，改由內閣和行政機構的持續合作，同時需要跨越政府層級限制，來進行相關政策的制定。

　　綠色成長策略需要在選舉過後提供政策穩定性，其中一個方法便是延伸政策至設立環境法令或者個別設置獨立機構，例如英國對於減緩氣候變遷目標的立法，便是仰賴獨立於政府之外的氣候委員會，這樣的做法可以導引出新型態科技或者政策創新產生。這種機構有其行政獨立性，為政策制定提供一定程度的彈性，這樣的做法可以讓國家在不違背長期目標的同時，隨時因應全球以及國內環境和經濟上的急遽變化。

Box 5-2　　　　　　　英國氣候委員會
（Committee on Climate Change）

其為根據英國氣候變遷法案下所成立之一獨立機構，成立目的是向英國政府及地方議會提出相關的減排方案，並對氣候變遷提出相應計畫。在獨立分析的過程中，從氣候、經濟及政策各方面角度切入，企求全面性的整合分析。

　　總的來說，治理機構的自主獨立性較能避免被產業界或者政黨利益綁架，並在政府具有課責性的前提下促進管制架構的穩定性和可信度，這種獨立性能促進資訊的共享，使得資訊不再被壟斷，增加治理機構的可信度和透明度。

Box 5-3　　　　　　　　邊界組織
（boundary organization）的概念

此概念主要是提供一種方式，讓兩造的行動者都得以參與某項計畫（例如：政府與人民），而專家以其專業知識扮演諮詢／中介的橋樑，讓政治與科學不再混為一談，各自有其課責性。

5/2 重新定義成長：超越 GDP 主義

傳統的經濟成長固然帶來生活品質的提升，但經濟成長的背後卻為全世界造成極為不均的風險分配。在過去一百五十年來，大部分地區增加大約三十年的預期壽命，OECD 國家體驗到多三倍的時間與金錢在休閒娛樂上，同時教育程度及工作機會也與時俱增。

這些持續性的動態成長促成了生活品質的改善，人類極度倚靠環境資源發展經濟的同時，也造成了資源的消耗與破壞。在 20 世紀，世界人口增加了四倍，經濟產出二十二倍及石油消耗十四倍之多，環境系統的自我回復性受到人類急遽增加的資源需求所威脅，例如越來越多的人口和倍數成長的經濟活動。據統計，2050 年地球人口將會增加至 90 億人，屆時的環境乘載壓力勢必更大。

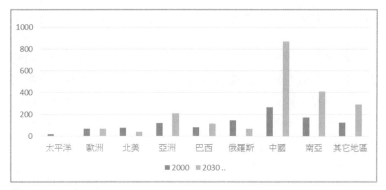

圖 5-1　預期受到懸浮微粒（PM$_{10}$）空氣污染而死亡的比例（每十萬人）

數據取自：http://dx.doi.org/。

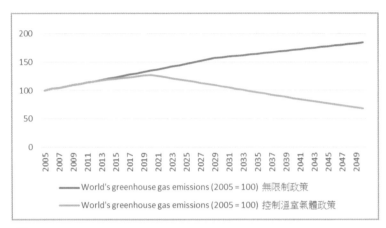

 圖 5-2　溫室氣體排放量差異（以 2005 年為基準）

數據取自：http://dx.doi.org/。

　　因此，當今人類面臨雙重挑戰的困難：在擴張經濟機會的同時必須審慎面對處理開發環境的壓力，而綠色成長的概念正是為了解決這兩難困境所開出的藥方，其在促進經濟成長的同時也保證了自然資產的可持續利用，同時提倡大量的投資與創新在此一新概念上，推動可持續的成長和新型態的經濟機會。

　　經濟上的綠色成長途徑仰賴政策以及制度的設計，不同的社會脈絡會產生不同的綠色治理方針，沒有特定的普世政策來治理全世界，新興與發展中的國家都將會面臨更加迴異的挑戰和機會；另一方面，在每一件案例中，政策行動需要將視野放寬至政治場域，不僅僅只是綠色政策而已。理想上，成長政策應該將所有的資本型態放入考慮，例如：自然資本（生態系統）、人力資本（教育與技術）、物力資本（機器與設備）與無

形的資產（想法與創新），透過嶄新的思維模式能夠生產出與以往傳統思維更加不同且創新的結果。

　圖 5-3　資本型態類型

圖片來源：作者自繪。

　　長久以來 GDP 一直被當作具解釋力的發展指標，甚至被當作是生活品質的指標，但近來越來越多關於 GDP 所呈現的數據是否真能代表生活品質的辯論出現。就算某些成長是透過資源的轉換達成，自然環境、土地與生態系在這種評量下通常被低估或忽略。人力資本在經濟市場中對於成長具有貢獻，因此會有社會福利政策的產生，而自然資本雖然對經濟有貢獻，卻沒有相當程度的保護政策。

　　由於經濟活動對於生態的影響漸增，重新檢視成長的定義變得越來越重要。某些國家仰賴自然資源對自身 GDP 的貢獻，傳統的國家發展政策造成經濟上的路徑依賴，將會更惡化環境風險以及經濟上缺乏效率的情況產生。

任何綠色成長策略的關鍵要素，都是設定誘因來促進成長軌跡上的創新，這種配置是為了改善過去缺乏效率的經濟模式。總的來說，綠色成長比起僵固的 GDP 發展主義聚焦在更廣泛的成長概念，並且給投資者與消費者明確且穩定的政策訊號，大略上有以下四點：

（一） 淘汰缺乏效率的資源利用模式。

（二） 鼓勵能夠高比率平衡成長的創新。

（三） 在綠色市場和活動中促進新型態的經濟機會。

（四） 確保以上目標且避免發展的瓶頸以及系統危機。

5/3 邁向永續成長的新市場

面臨環境和經濟的雙重挑戰，政府已經開始執行政策或公佈相關措施，朝向對環境更友善的生產目標邁進，倡導更綠化的企業與綠色創新。為了達到更高的生活水準，不僅僅是靠做不一樣的事，更重要的是把這些事做得更好，有賴於這些資源如何更有效率地被應用。

國際能源總署（IEA）估計，從 2010 年到 2050 年，在全球能源上增加 17%（46 兆美金）的投資來履行低碳家園目標，將節省近 112 兆美金的能源消耗金額。節省能源將會是各大企業降低溫室氣體排放量的第一步，同時也能為企業降低成本，像是美國的陶氏化工在十五年內節省了近 90 億美金；杜邦化工自從 1990 年以來也節省了 50 億美金左右。

　　大致上來說，許多企業透過乾淨能源科技的投資來增加其競爭力，走在時代前端的公司增加更多經費在主流的永續發展概念上，在一份全球前三百大公司執行長的調查中，超過75%的高層表示在未來五年內將會投入更多經費在乾淨能源科技的投資上。

　　在能源產出方面，新式且改良的科技，例如：太陽能、生質能、微型水力與生質燃料，可以幫助發展中或缺少石油產出的國家增進能源自主能力，促進科技可行性和能源提供量，同時能減少對化石燃料的依賴，減緩貧困程度以及為工廠及家戶節省電力開銷。嶄新的商業型式也開始出現，其中一種是為其他公司行號或公共建設提供節省能源的建議，提供服務的公司所收取的費用便是節省能源消耗後的差額，而不是預先支付的酬勞。

　　另一方面，自然資源的不當利用將會導致社會上更高成本的支出，自然資源若沒有適切的定義，將會導致「搭便車」的行為產生。例如：魚場的過度捕撈以及超抽地下水的情形，如果消耗頻率大於環境重生的速度，便會產生不可逆的環境成本。

　　生態系統的破壞對人類的健康有極大的負面影響，不受管制的污染經常出現在發展中且環境較脆弱的國家。每年因為水污染而喪命的人數高達170萬人，90%集中在5歲以下孩童；空氣污染則導致每年640萬的人口死亡。在污染已成事實後，清理善後當然是一種選擇，但避免生態系統功能的喪失卻是較為顯著且更符合成本效益的處理方式。在歐盟及美國，光

是處理土壤污染及石油洩漏，每年的花費就高達 10 億美金。發展中國家不可能有足夠的經費來處理已發生的污染，或許有些污染是可恢復的，但許多案例都指出某些環境指標一但受到破壞便永遠無法復原，像是原生林的砍伐和地下水的污染皆屬之。自然資源的管理不當會導致生產力下降或者成長的瓶頸，

Box 5-4 微型水利

投資成本低、佔用空間不大，是微型水力發電邁向普及的優勢。日本一些再生能源產業公司已經注意到，利用辦公大樓的共同管線施行微型水力發電的可行性，積極從事研發相關系統。大樓另一應用方式是雨水之利用、自來水流入口之利用和小型水力發電機組之開發等研究，也正如火如荼地展開中。

圖 5-4 明潭發電廠利用高低落差建置的巨型水管（圖為明潭發電廠利用高低落差所建置的巨型水管，而現在只要在高樓中裝置微型水力發電機，也能將管線內流動的自來水做為發電用途。）

圖片來源：http://commons.wikimedia.org/wiki/File:Sun_Moon_lake_power_station_No.2.JPG。

未來市場與自然資源間的關係該如何調適，將是促進成長願景的一大關鍵。

要將較佳的自然資源管理模式轉化到實際的綠色成長上，需要廣泛的經濟策略，企業十分在意政府施政走向，任何對於環境政策的不確定性，都會影響企業投資的意願。促進資源利用的同時，也盡可能降低資源的價格，或許會導致更大量的使用，此時政策方針應避免鼓勵消耗更多資源及更多污染。

圖 5-5　溪頭大學池一景

圖片來源：溪頭自然教育園區網站。

圖 5-5 為溪頭大學池一景，世界林業經營趨勢正值轉型期，隨著時代變遷，因應社會的需要，今日臺灣的林業經營已朝「生態保育」的目標前進，著重森林生態保育、國土保安，而減少經濟性之生產作業。

圖 5-6　石油洩漏意外中沾黏石油的鴨子

圖片來源：http://upload.wikimedia.org/wikipedia/commons/3/3f/Oiled_
　　　　　bird_3.jpg。

　　圖 5-6 為石油洩漏意外中沾黏石油的鴨子。以 2010 年墨西哥灣英國石油公司的漏油意外為例，此事件造成嚴重的生物系統衝擊，據分析需要數十年才得以恢復。英國石油公司也為此疏失賠償近 50 億美元。

5/4　綠色成長與政策執行

　　綠色成長包含許多政策面向，例如：財政改革、教育計畫、研發創新等等，而綠色成長策略應該被認知為現存對於環境與經濟政策的必要補充，並聚焦在減少環境破壞，同時促進經濟成長的方案，在急遽變化的情境下促進社會轉型的可能。

　　聯合國在 2009 年提出「全球綠色新政（A Global Green New Deal）」的概念，鼓勵世界各國推動相關政策，儘管各國積極響應此概念，而且也有許多綠色創新的政策成功展開，然

而如何在財政上使綠色投資得以持續成長仍是一項艱鉅的課題。同時，如何設計良好運作的融資機制以促進綠色投資，對於政府機構而言至關重要；如何有效地運用綠色金融工具來扶植綠色產業，並促進綠色經濟發展的總體影響，將會是相關決策者在未來所關心的目標，且在總體氣候變遷與促進永續發展政策上，扮演著重要的關鍵因素。

在綠色成長概念越來越充實的當下，全球許多國家都提出了相應的政策概念，其中也有許多創新的融通機制，為了減少溫室氣體排放並推動綠色成長，歐盟、日本、韓國及臺灣紛紛提出各種政策工具，然而，有關政策工具間的互相整合、推動以及實際執行上的不確定性等相關的關鍵問題，都需要政府進一步的闡述及釐清，而非僅停留在研究的紙本階段，應該將概念轉換成行動，確實執行綠色成長的概念到各個層級的政策之上，互相配合，才有辦法實現綠色成長的願景。

Box 5-5　　　澎湖中屯風力發電公園

澎湖近年來發展風力發電成效顯著，尤其冬天的風力更強，供電量甚至可達總量的 25%。

在中屯發電公園的案例中，官學的合作是一重大關鍵，澎湖科技大學為配合國家發展綠色能源政策，與配合澎湖地區豐富風力資源的開發，持續投入經費，設置一兼具教學、研究、實習、測試與認證功能的風力公園。這座風力公園讓離島的澎湖科技大學省下每年約新臺幣 150 萬元的龐大經費，佔全校一年電費的 15%，成績相當優秀。

續上頁

而這座公園除了提供澎湖科技大學的學術研究之外，也希望在官學合作的過程中，研發適合臺灣特殊氣候環境的小型風力機，並在未來推銷至產業界，加強臺灣基礎風力機設計的實力，提供給國民更加穩固的發電機組，甚至外銷他國，增加外匯，創造新一波綠色產業。

設置在澎湖縣白沙鄉的中屯發電公園，其另外一個目的便是促進觀光，讓觀光客到澎湖來，不僅可以欣賞澎湖在地的自然地景，也能夠深入瞭解澎湖縣政府所積極發展的風力發電產業，讓中屯風車區變成白沙鄉的新地景地標。

圖 5-7　澎湖中屯風力發電公園

圖片來源：台電公司。

過去臺灣綠色成長策略多著重消費及開發，忽視跨代外部性的產生，僅以比較綠色的方式（greener approach）追求經濟成長，如今，應當從根本做起，重視真正的綠色治本策略，考慮長期效益，提出整合性的制度與策略。

Box 5-6　　　日本在地的能源獨立運動

日本在 311 福島事件後，民眾對於核電的潛在風險紛紛感到憂心，對於政府錯估情勢、東電隱瞞災情多所批評。因此許多地區開始自行發展再生能源，位於日本東北岩手縣的葛卷町便為一例，葛卷町地處偏僻，號稱「什麼都沒有之町」，以酪農與林業維生，後來應用牛的糞尿與林木屑做為生物發電的能源，成為有名的「北緯 40 度牛奶、美酒與綠能之町」，每年竟吸引 50 萬訪客，其中 30 萬人是綠能見習團。

大量牛隻的排泄物不僅污染空氣，又難以處理，用牛的糞尿發電既提供能源使用，又保護環境，可謂一舉兩得。另外葛卷町將這種設備和燃料電池配合使用，將牛的糞尿發酵後可產生沼氣，並從其中提取沼氣讓燃料電池所用。葛卷町也與日本東北大學及一些企業組成的研究團隊試驗共同開發，建立產官學合作的良好關係。

葛卷町內森林面積廣闊，因此也發展出木質燃料發電方式，利用經濟價值不高的木屑、樹皮等，除可直接燃燒利用外，透過乾燥擠壓過程所產生的可燃燒衍生固態燃料，可提供工業或家庭用途。

Box 5-7　　　臺灣的碳排放量

臺灣所需能源高度仰賴進口，加上工業能源消耗佔比高及環境負荷大，對我國經濟發展及環境保護的衝擊日趨嚴峻；我國化石燃料燃燒的二氧化碳排放量，自 2008 年出現以來，1990 年首度出現負成長，近五年（2008 至 2012 年）的年排放量平均每年下降 0.6%，較前期（2004 年至 2007 年）平均每年成長 2.7%，排碳

續上頁

量趨勢走平;若從二氧化碳排放密集度觀察,近年來自 2007 年的 0.0197kg CO_2/元降至 2012 年的 0.0166kg CO_2/元,呈現逐年下降趨勢,讓經濟成長與溫室氣體排放呈現朝相對脫鉤邁進。

臺灣各部門能源燃燒排放 CO_2 貢獻度:2012 年能源部門之 CO_2 排放佔燃料燃燒總排放的 10.4%、工業佔 48.6%、運輸佔 14.2%、服務業佔 13.2%、住宅佔 12.9%、農業佔 1.1%。(以上資料與圖片皆來自環保署網站)

運輸 14.20%

農業 1.10%

工業 48.60%

服務業 13.20%

住宅 12.90%

能源 10.40%

圖 5-8　臺灣各部門能源燃燒排放 CO_2 貢獻度

圖片來源:環保署網站。

參考文獻

OECD, 2011, *Towards Green Growth*.

memo

memo